Property of:

Phone Number

E-mail

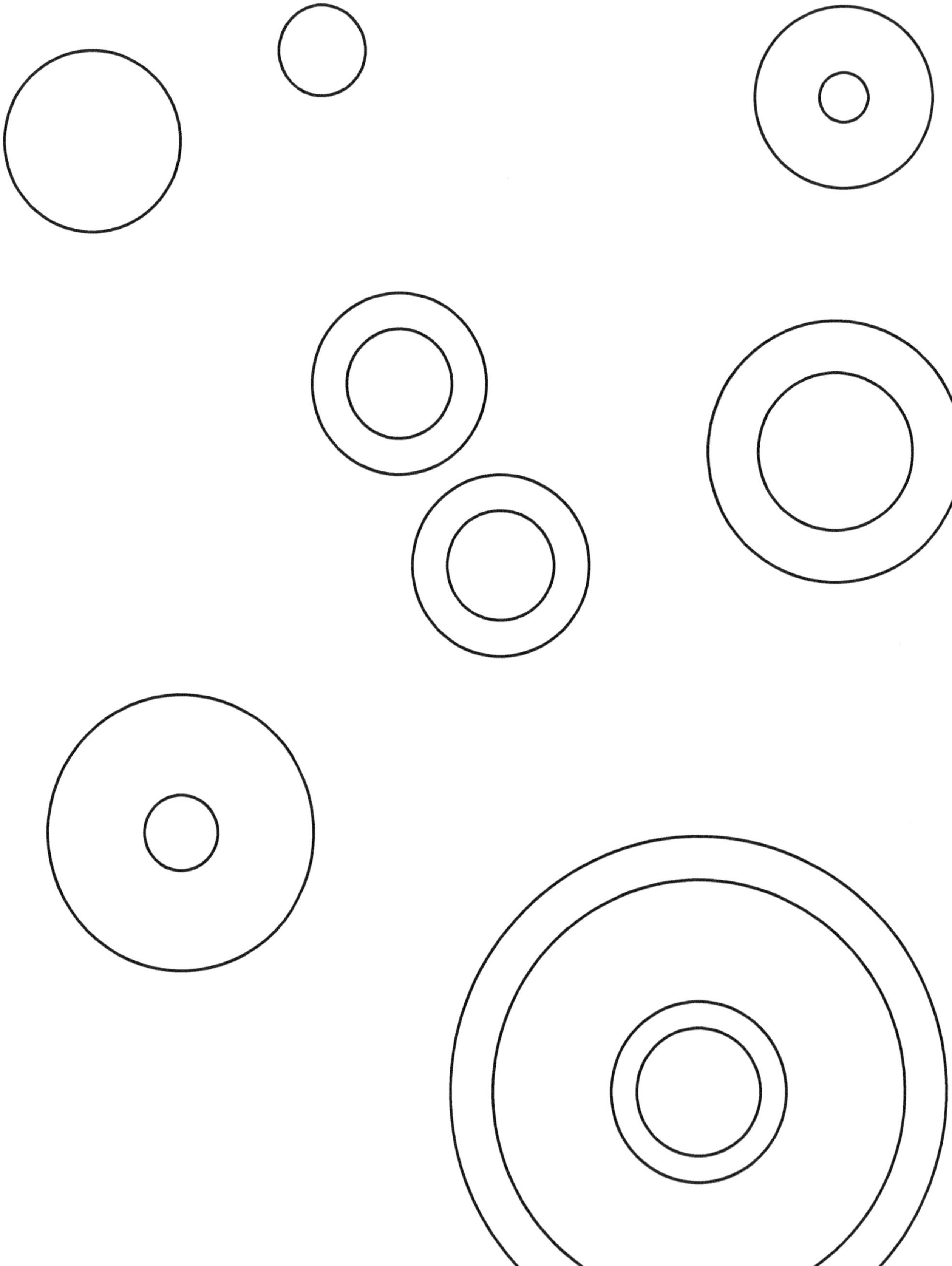

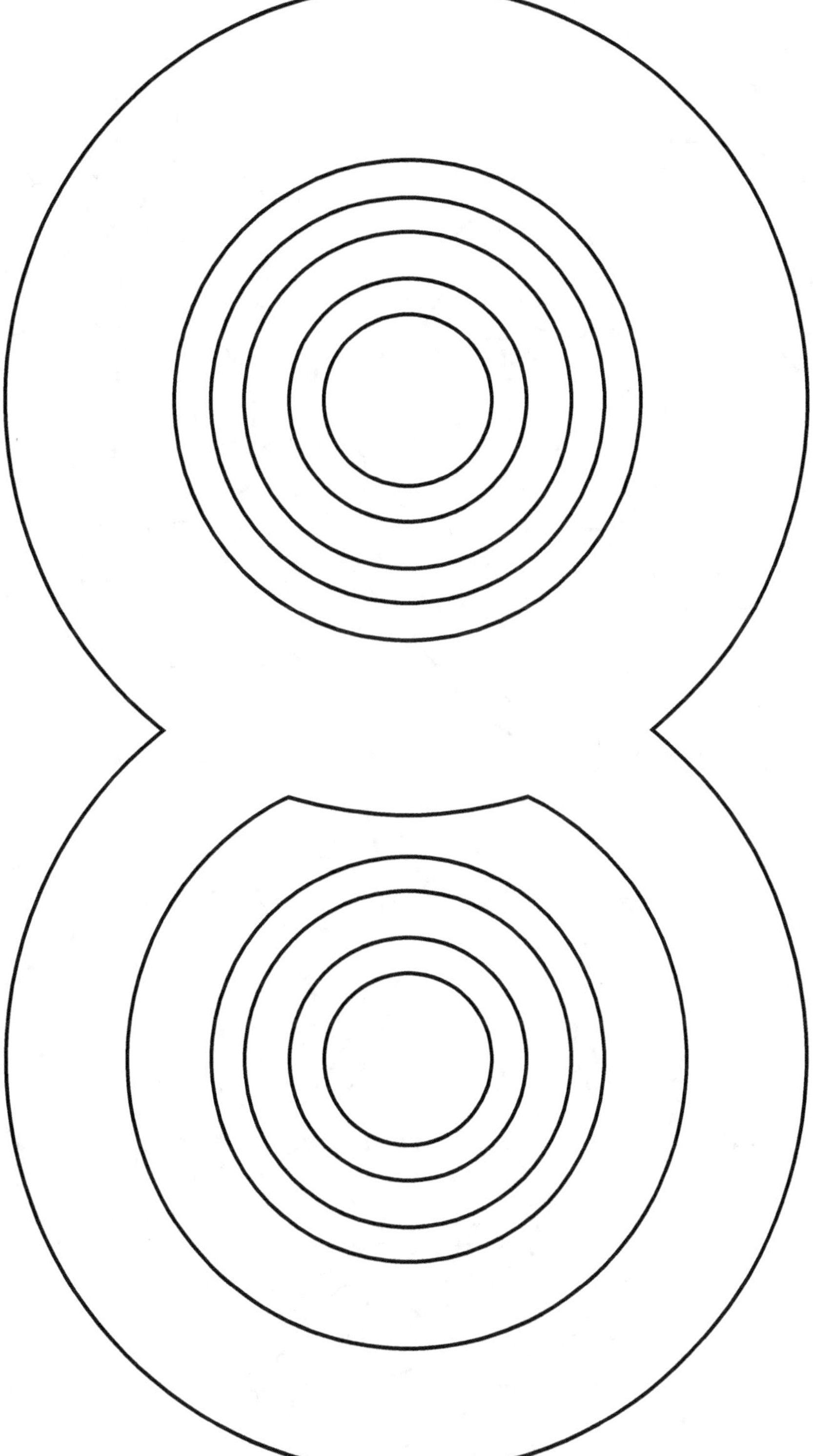

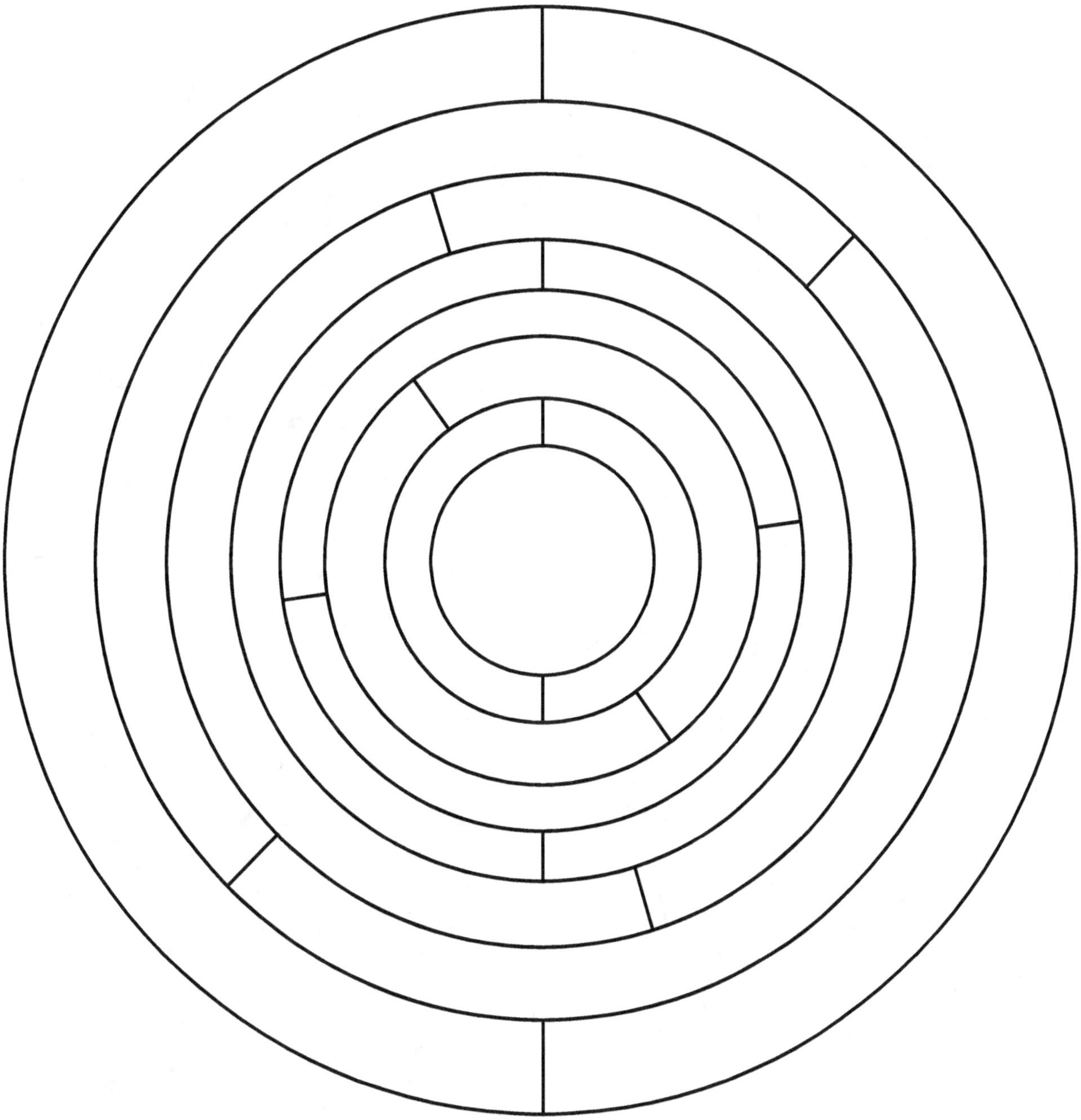

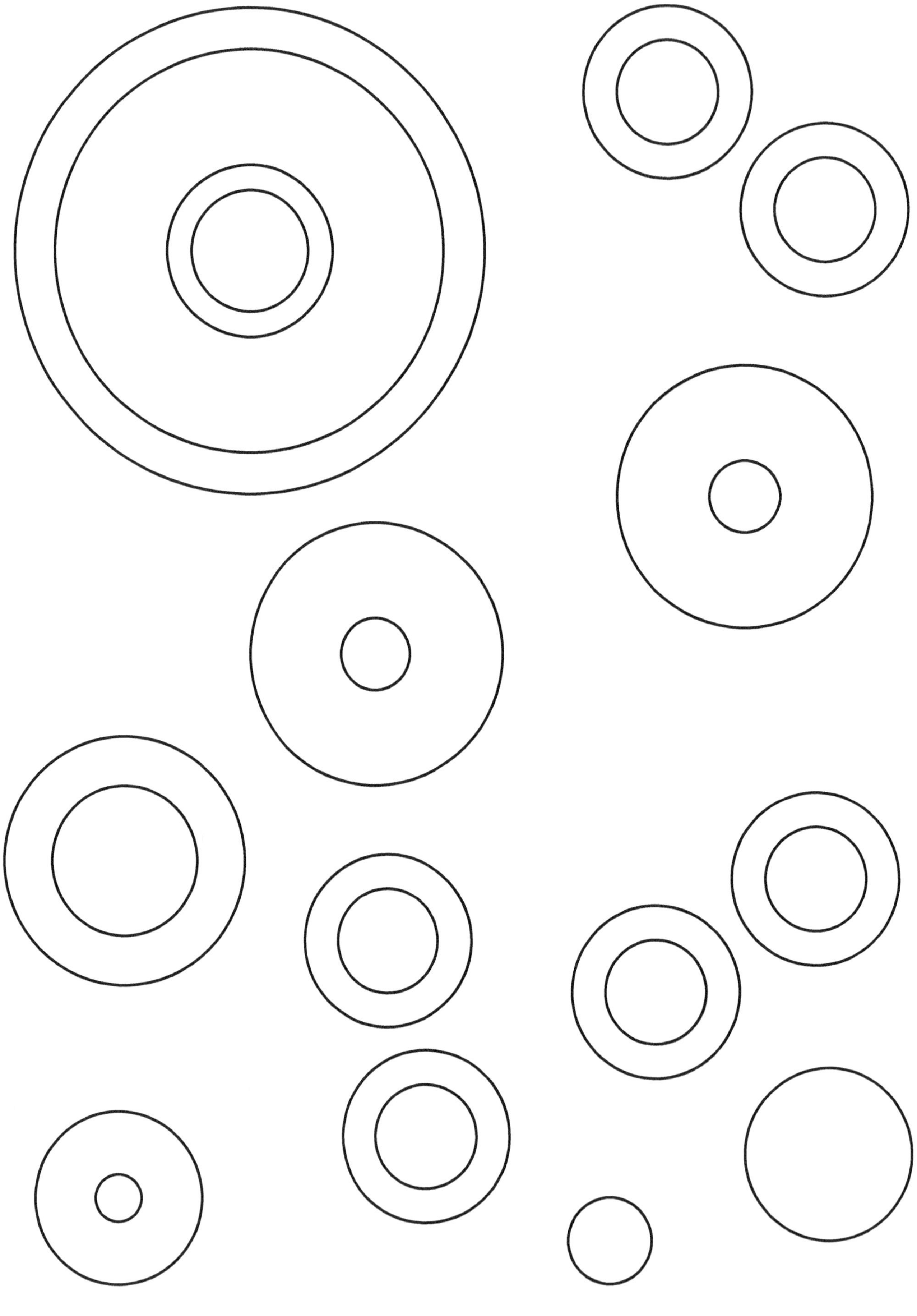

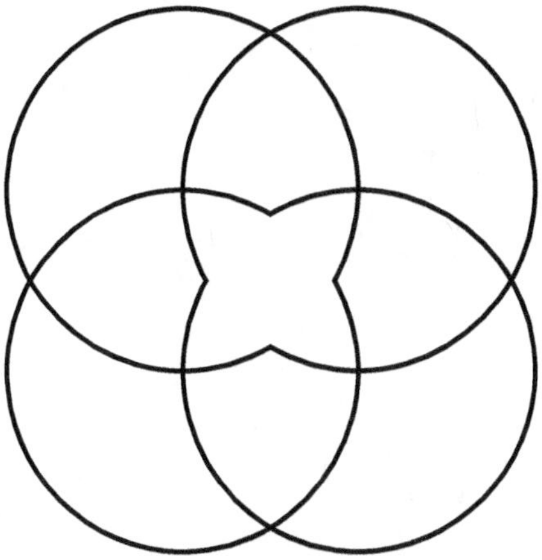
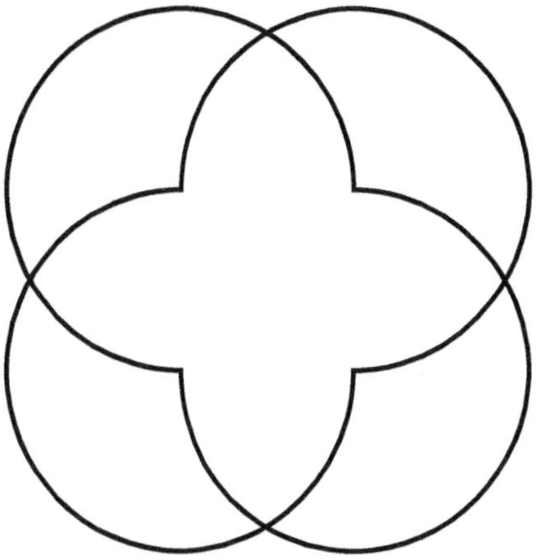
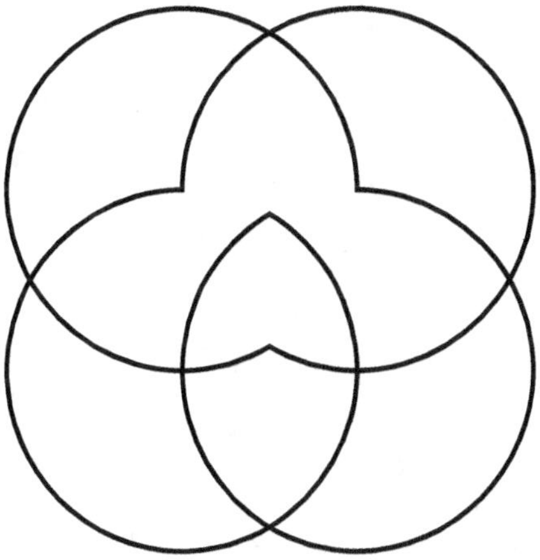
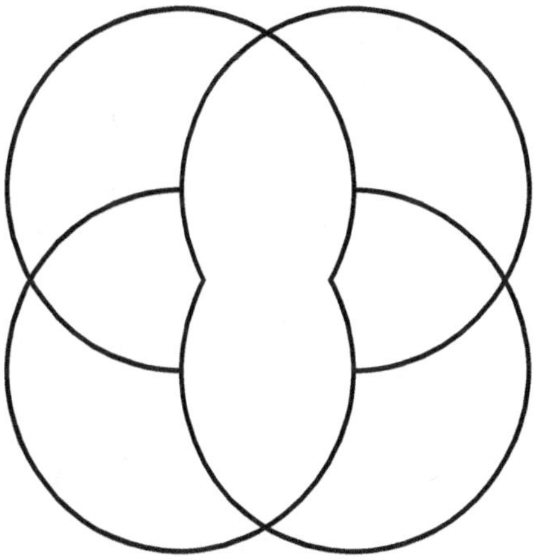

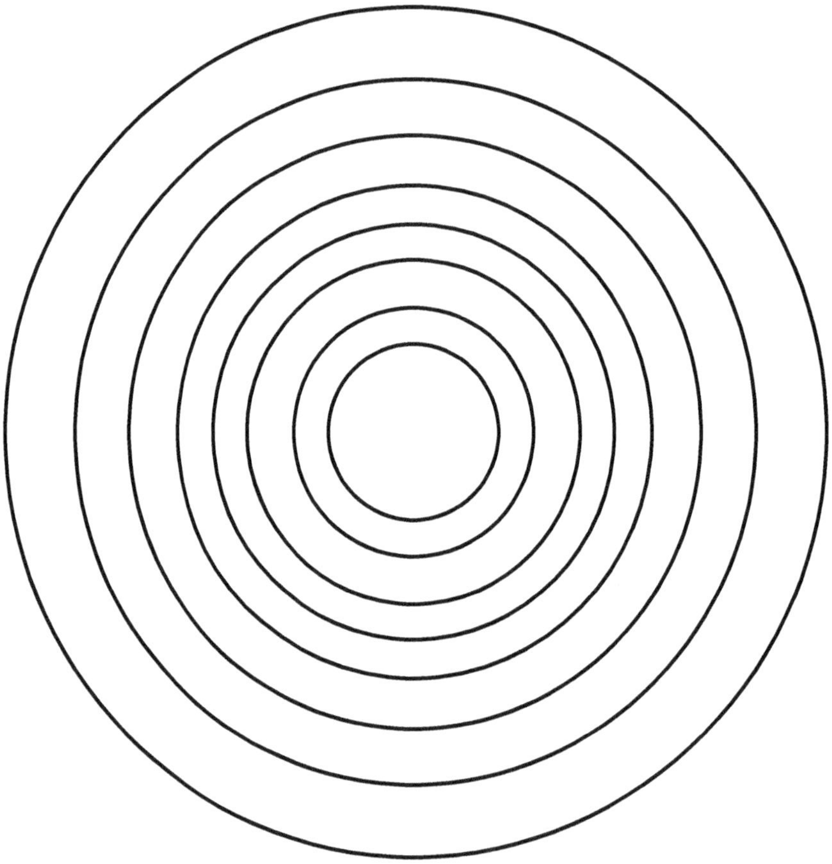

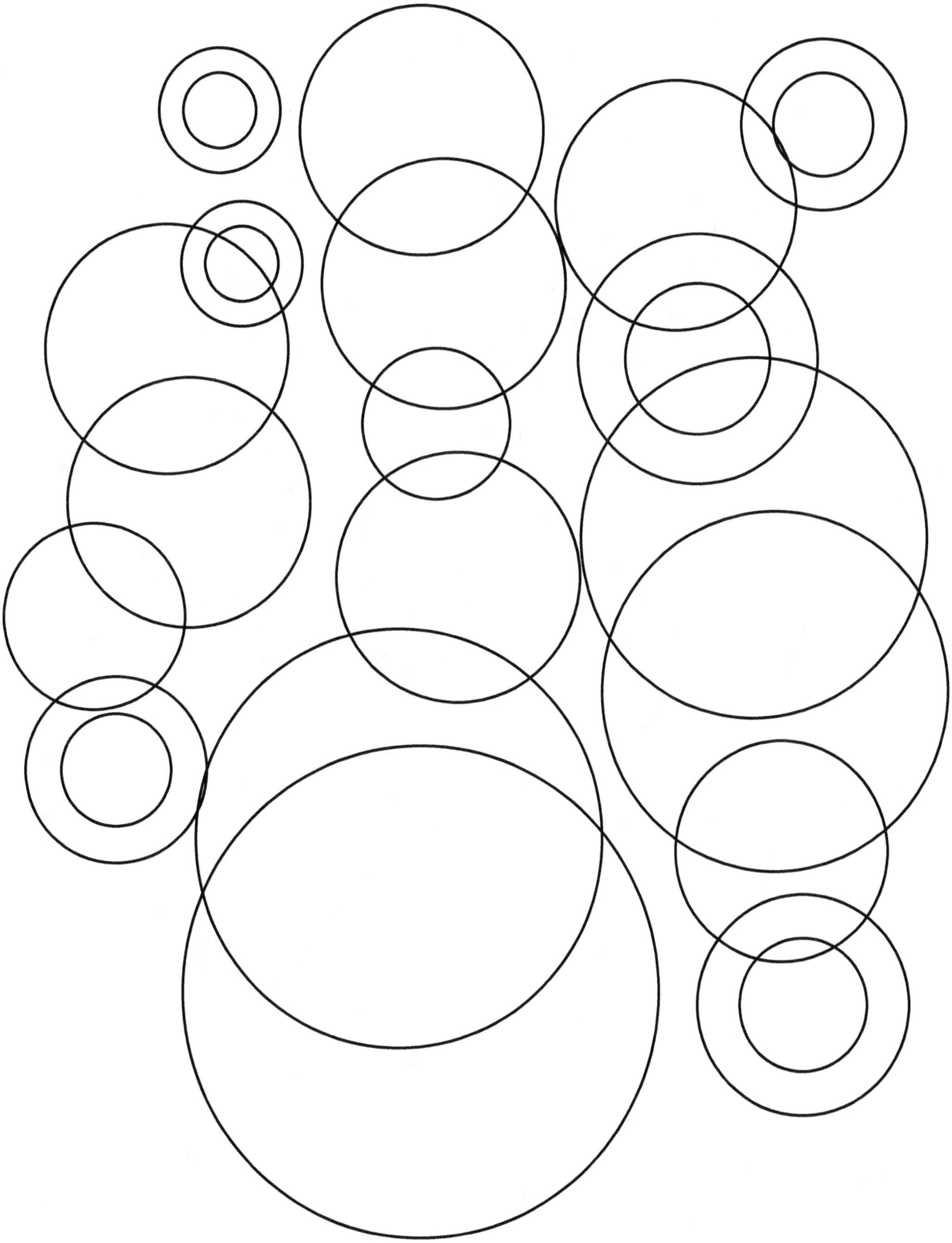

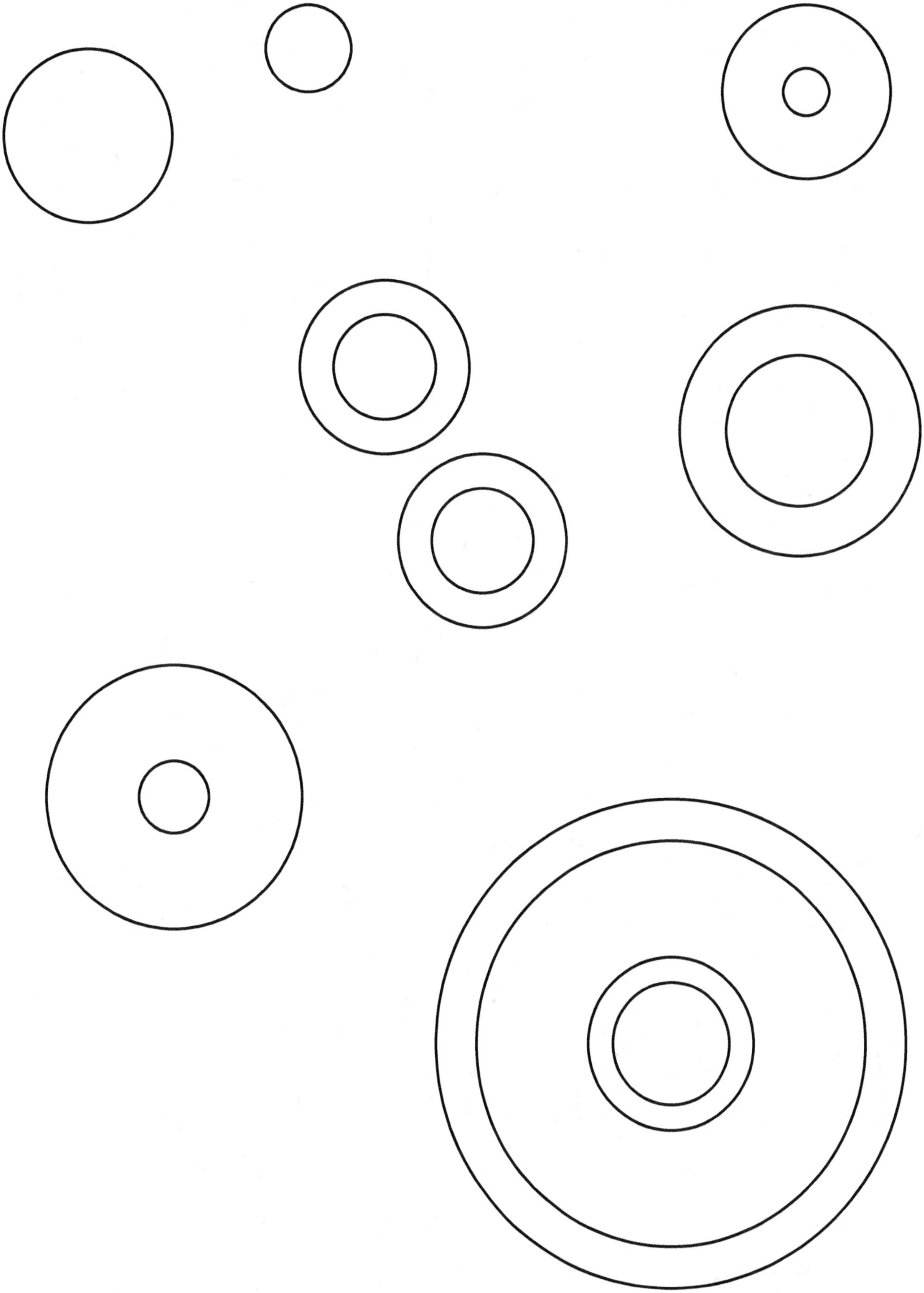

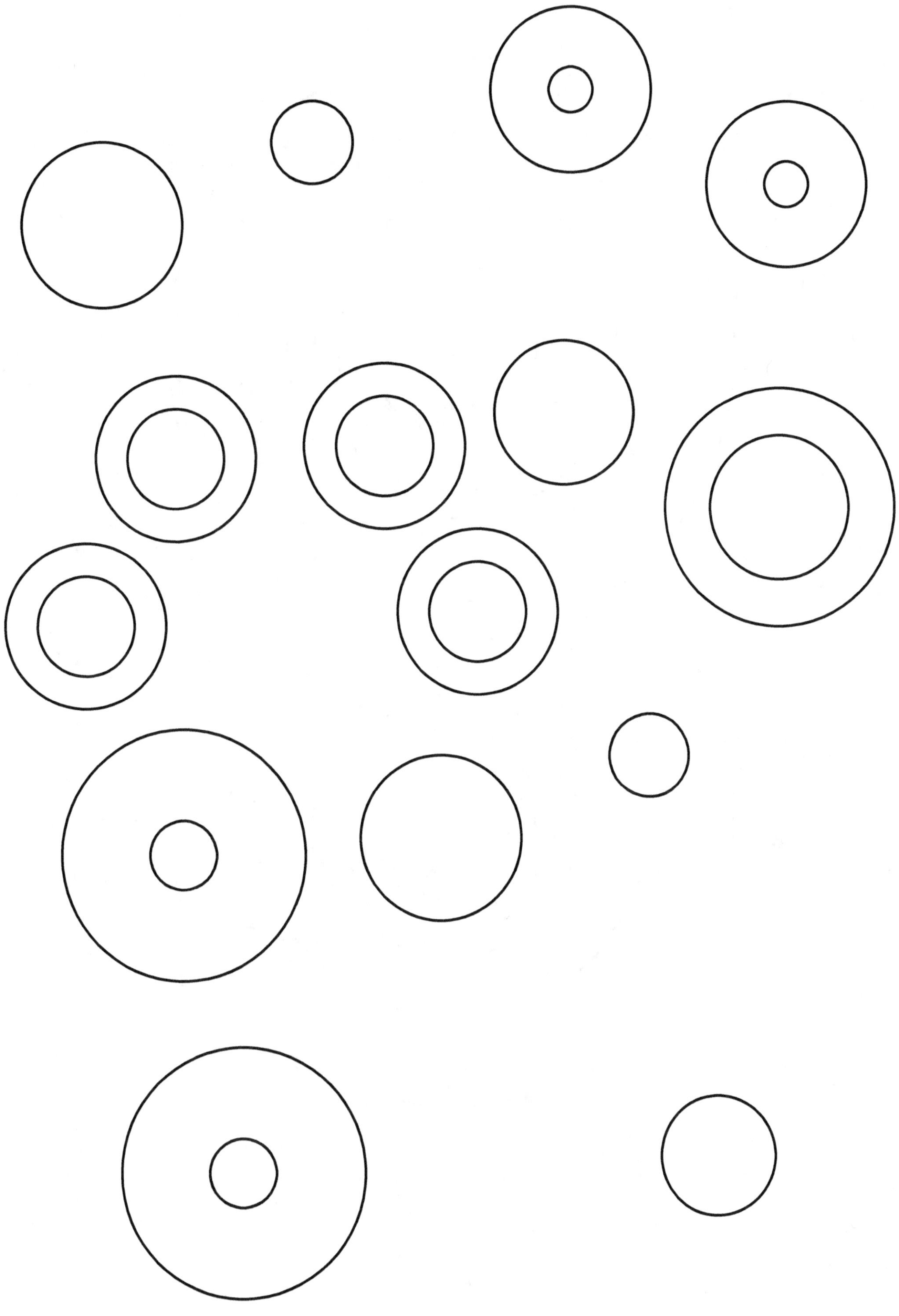

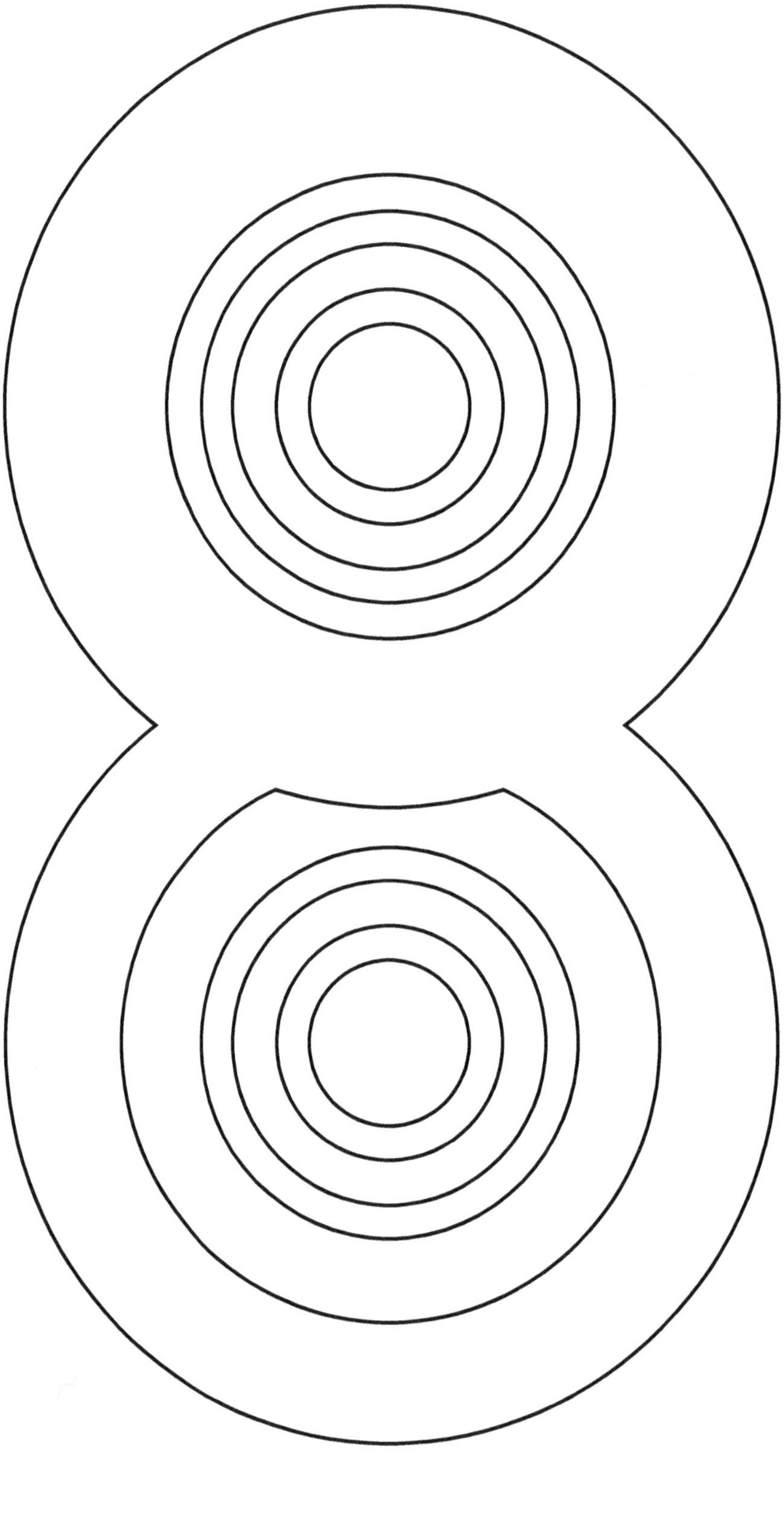

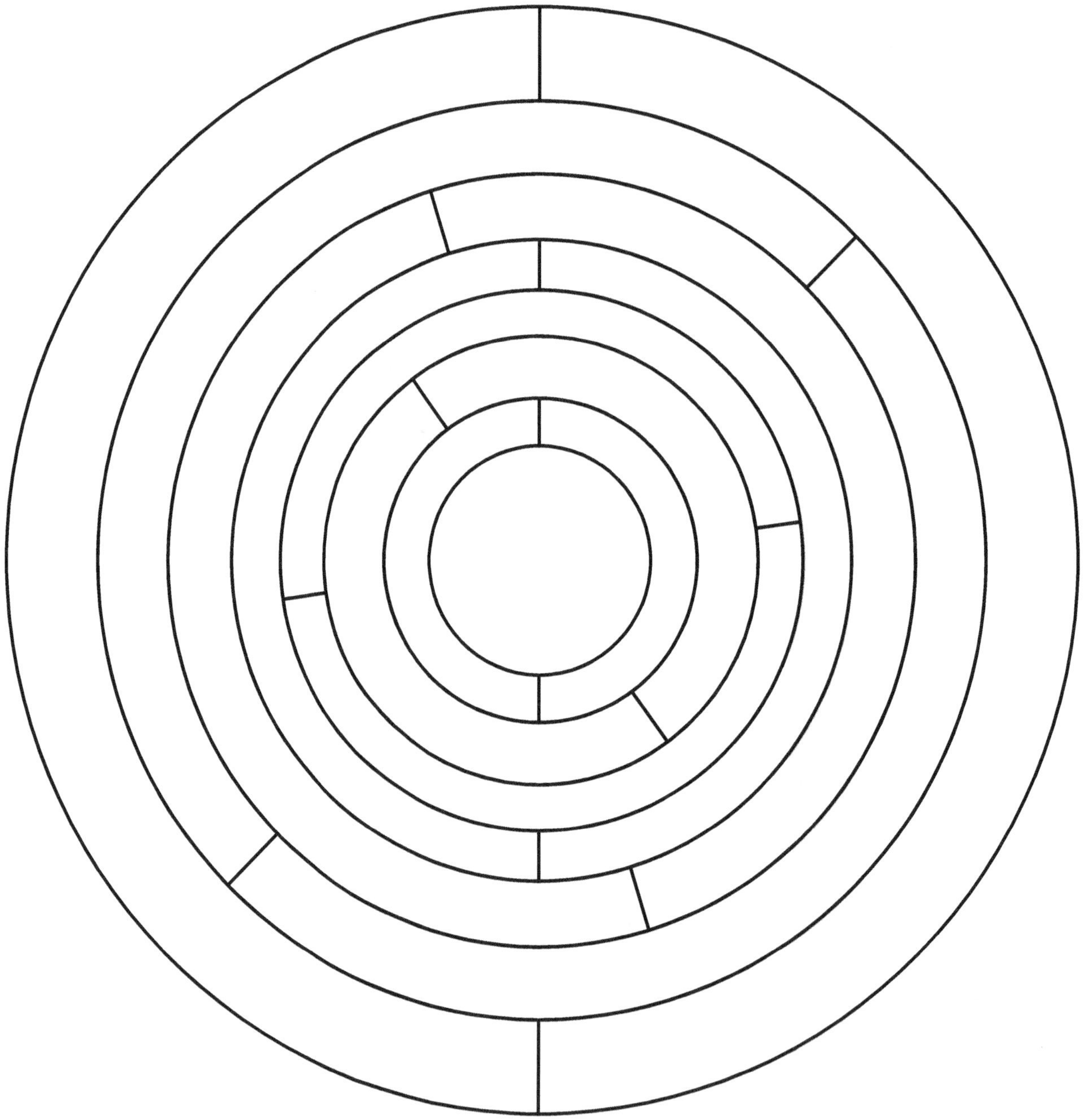

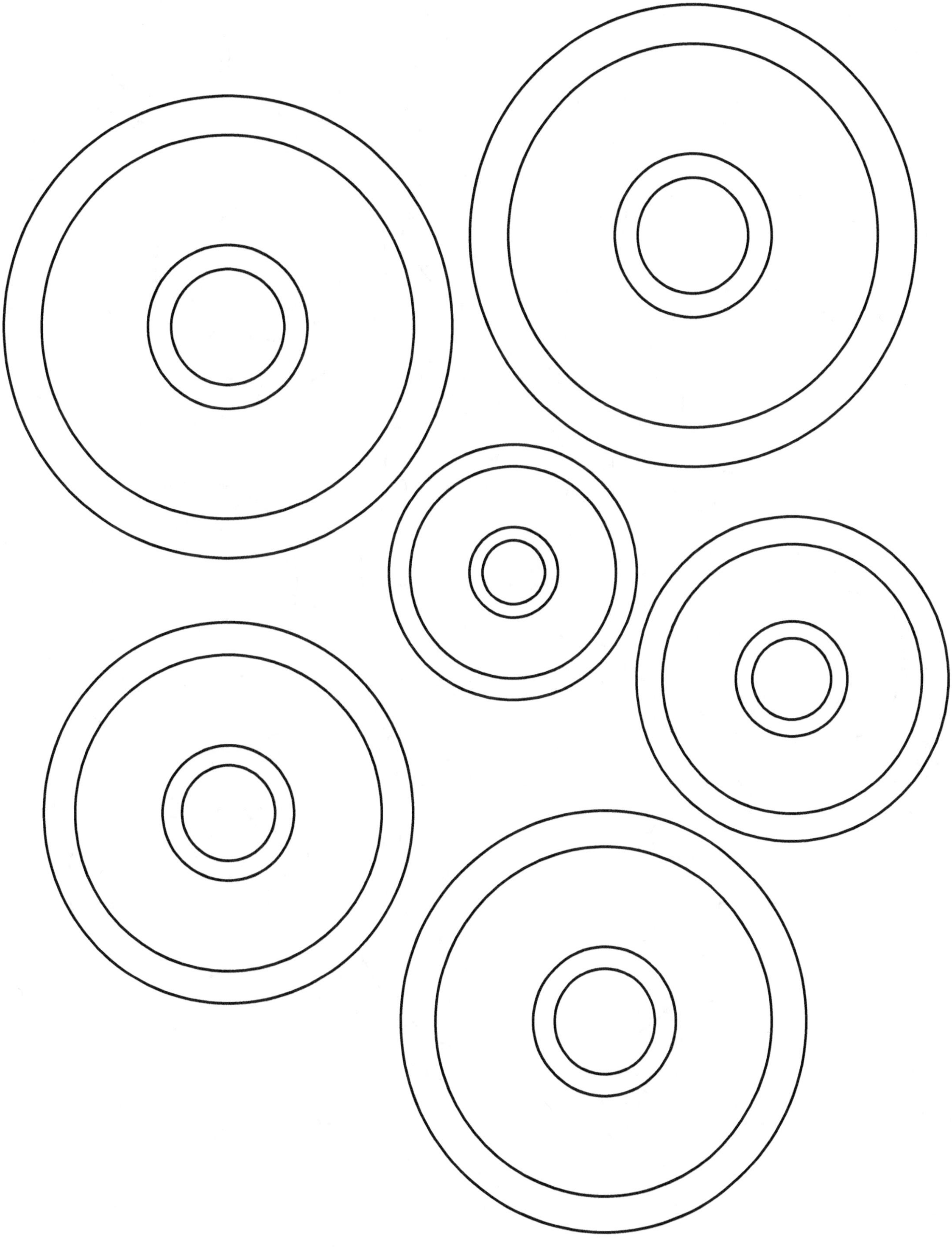

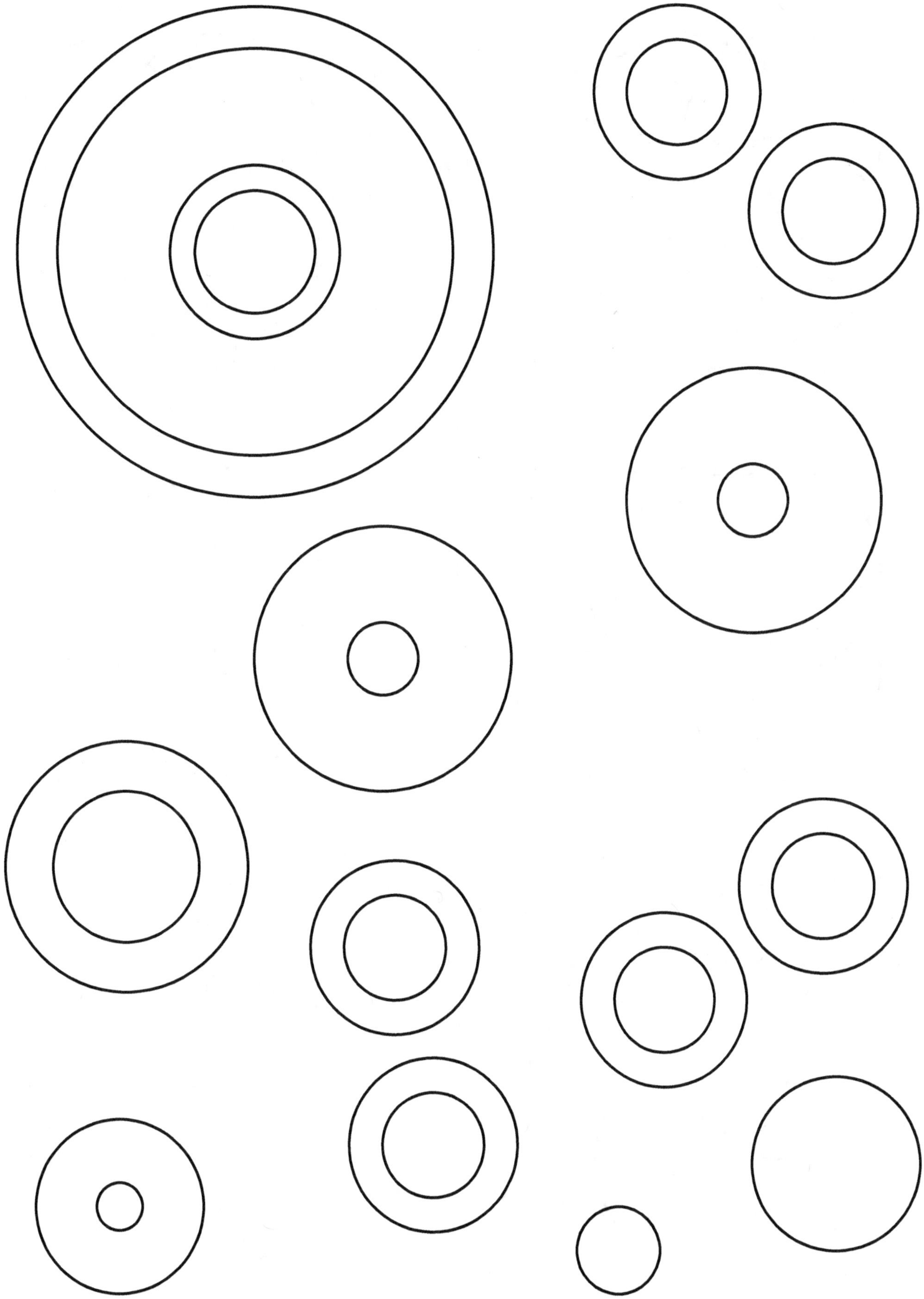

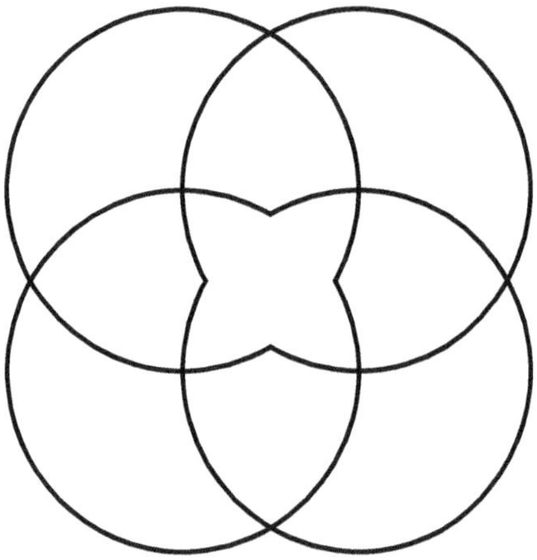

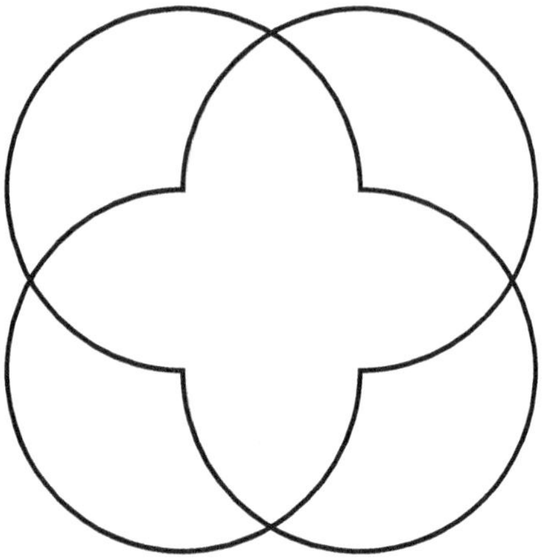

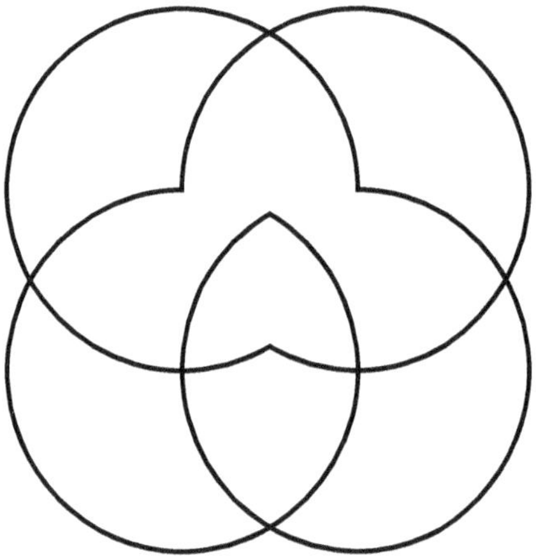

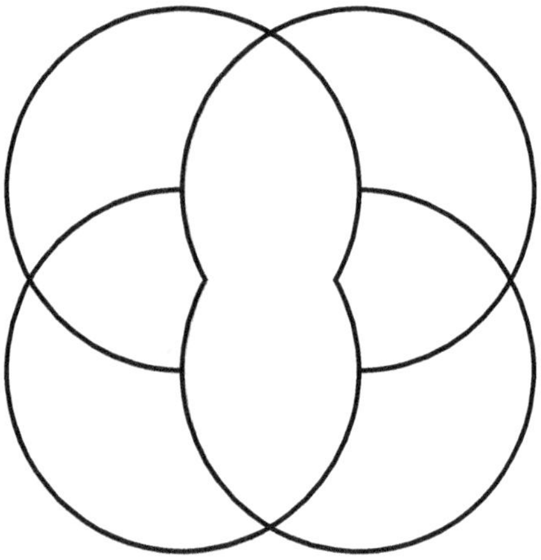

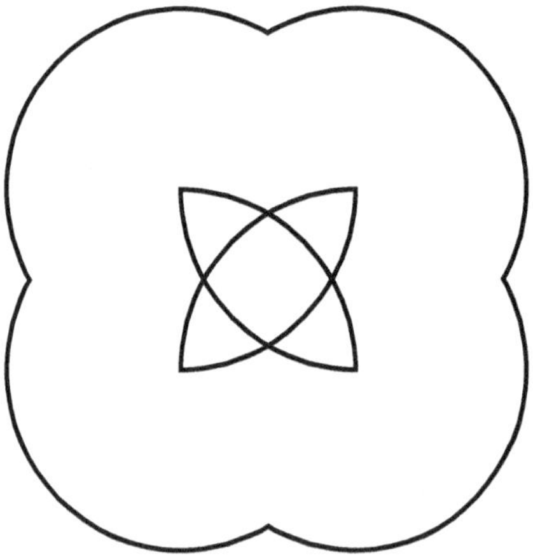

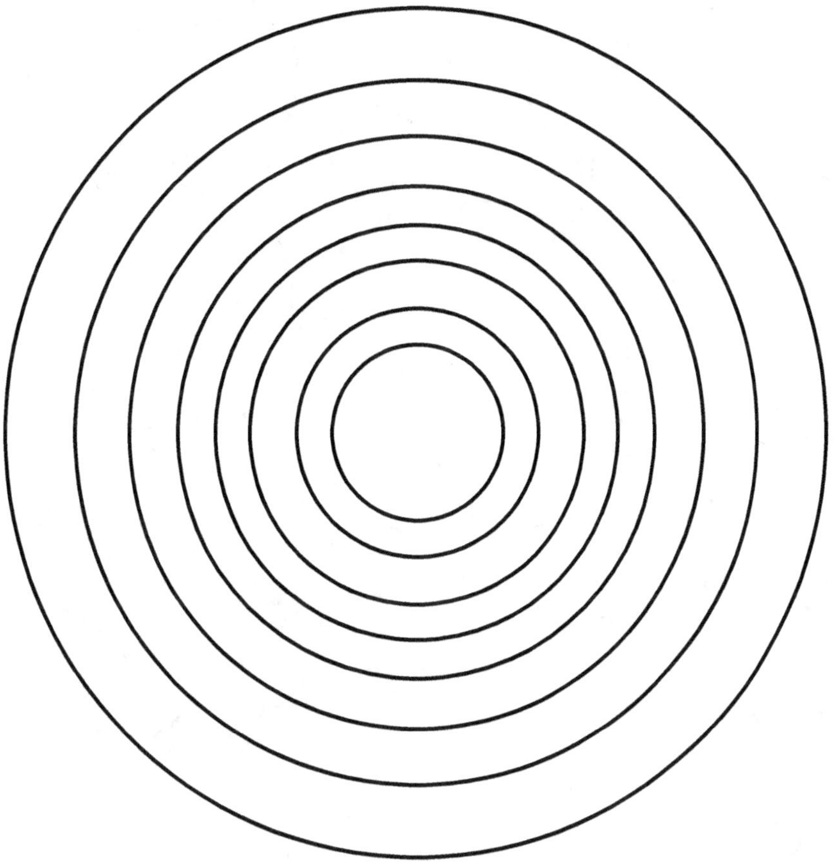

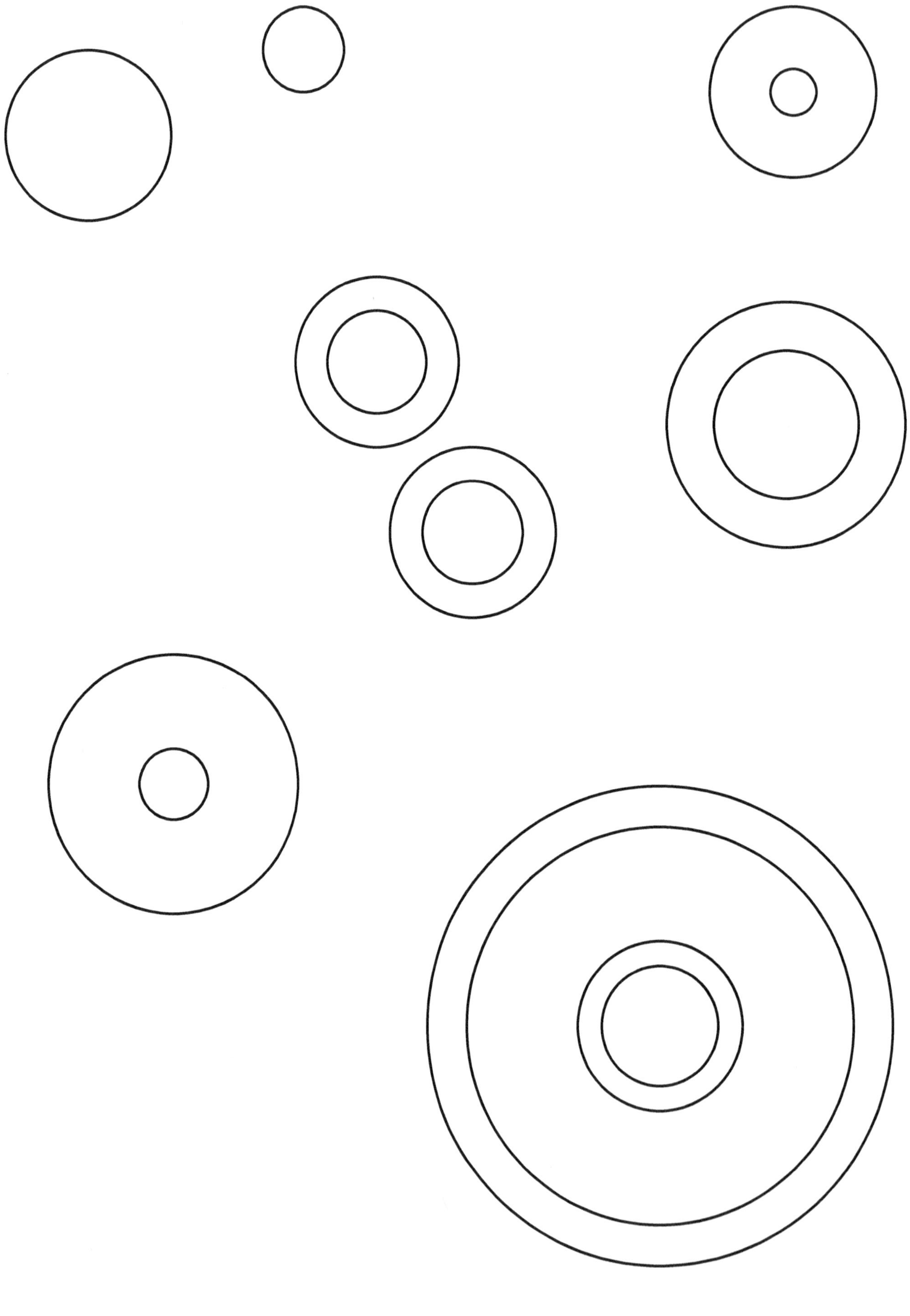

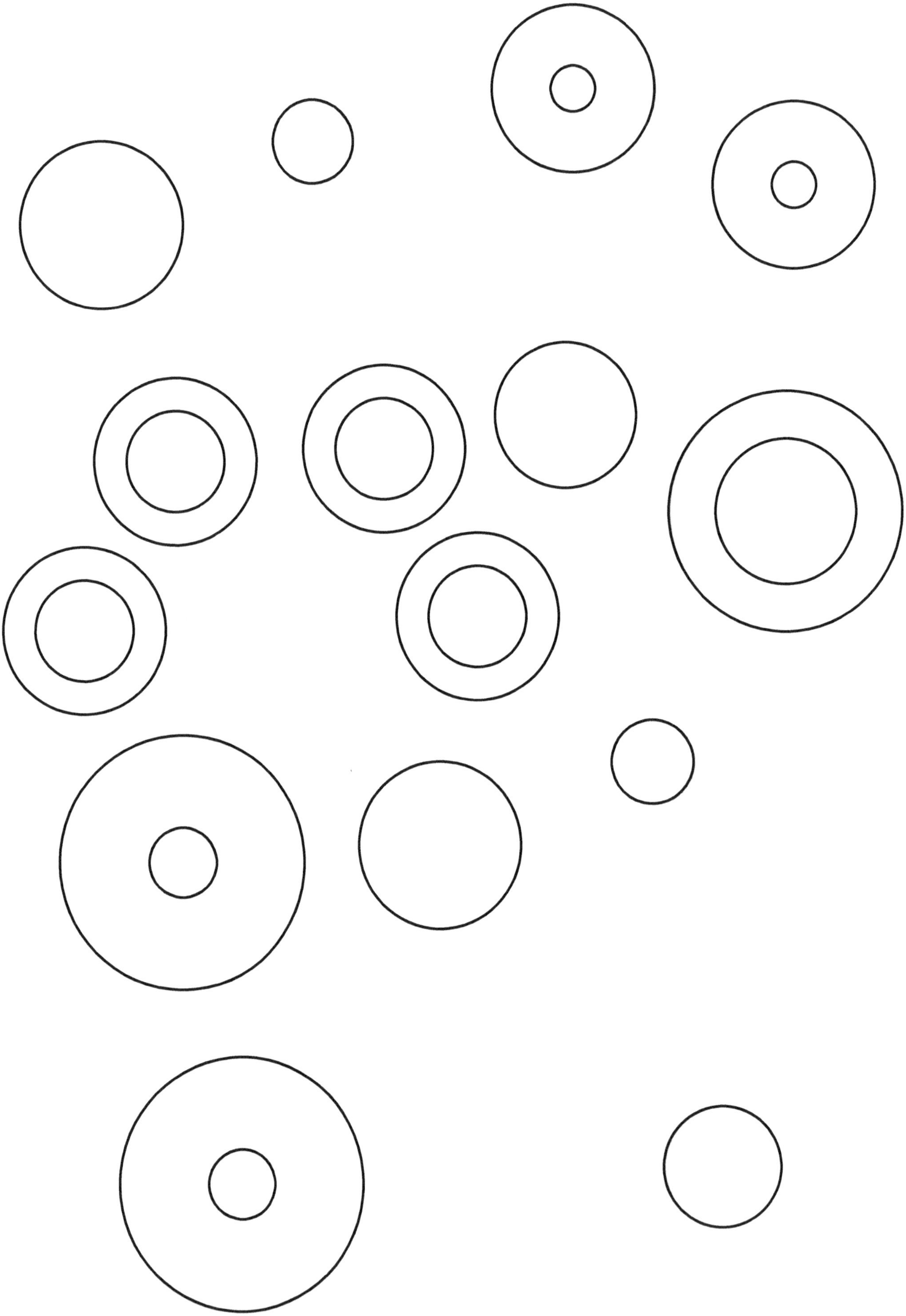

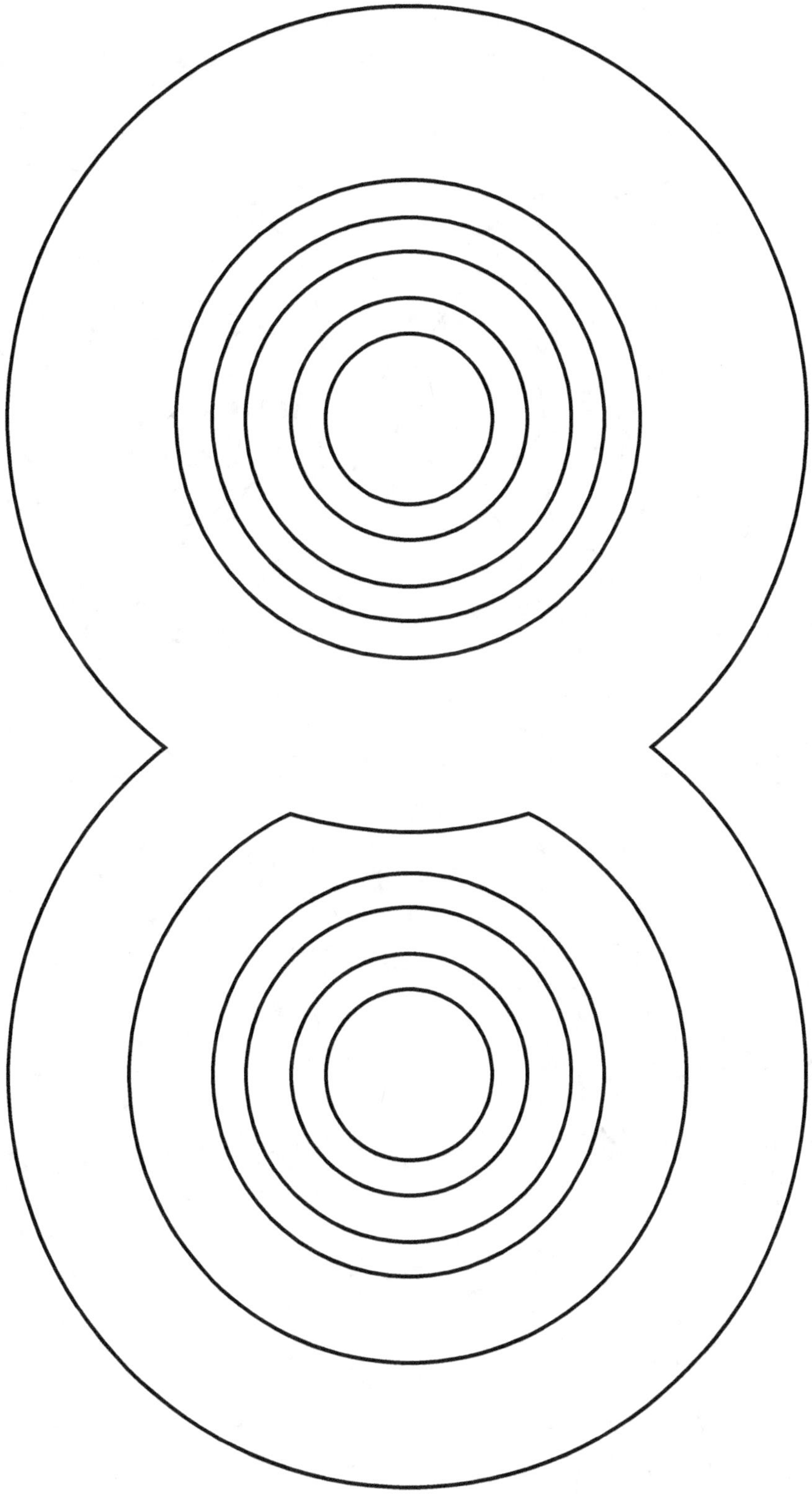

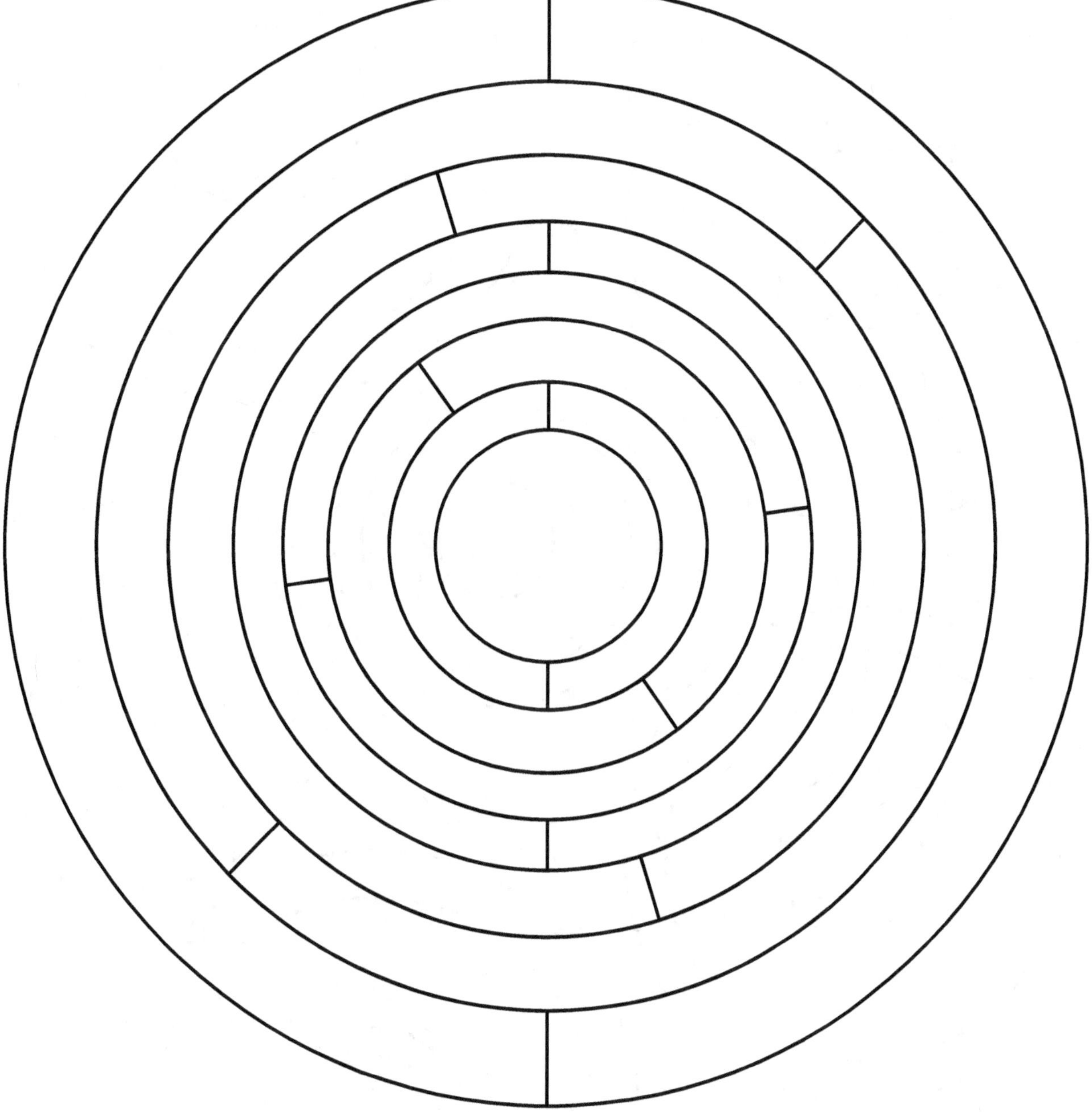

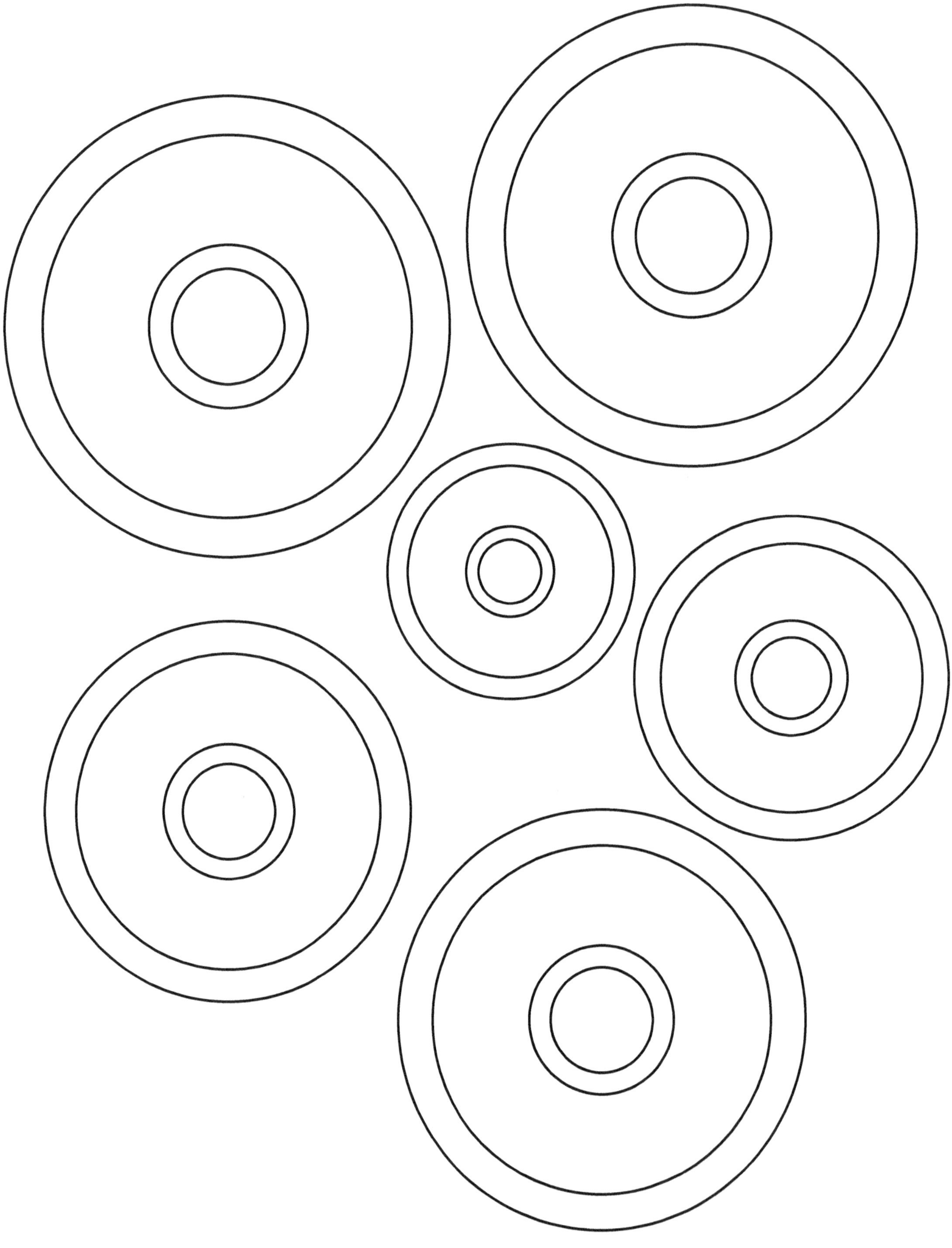

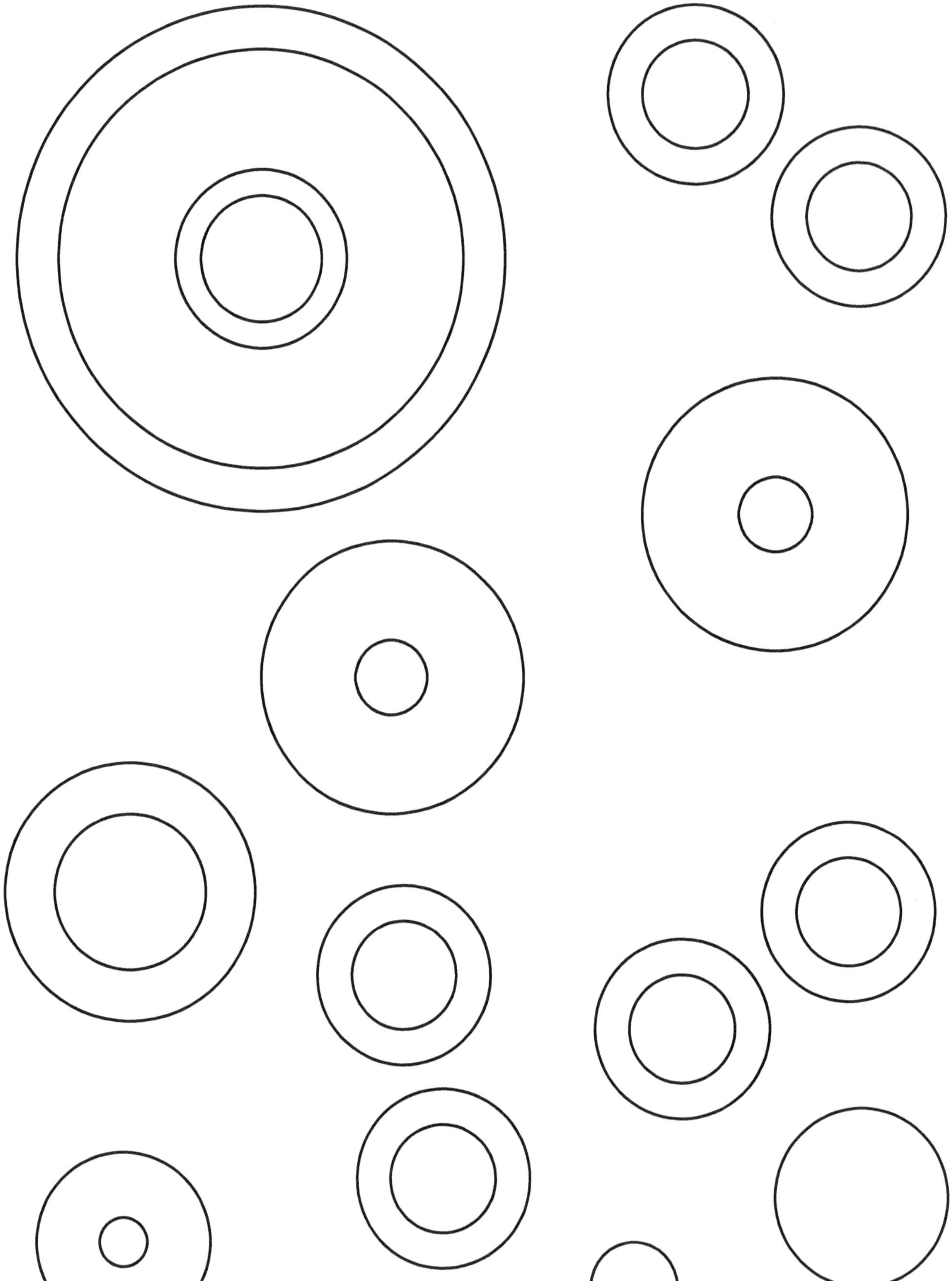

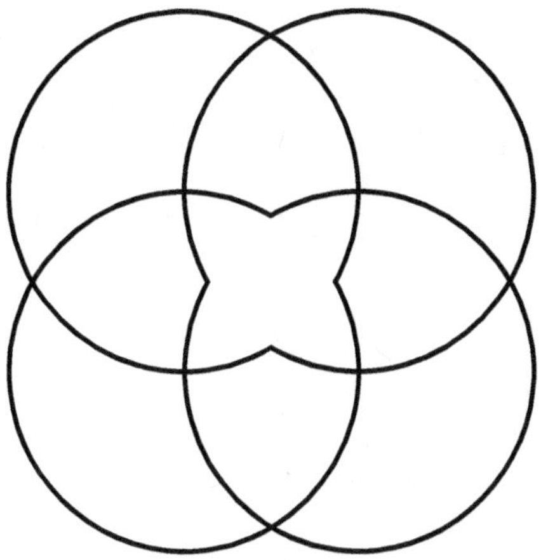
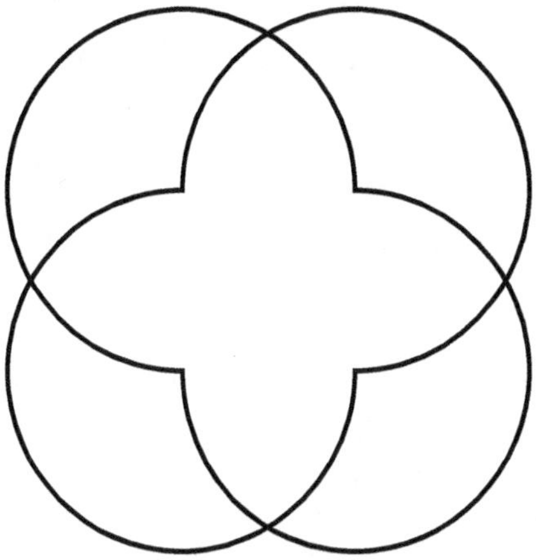
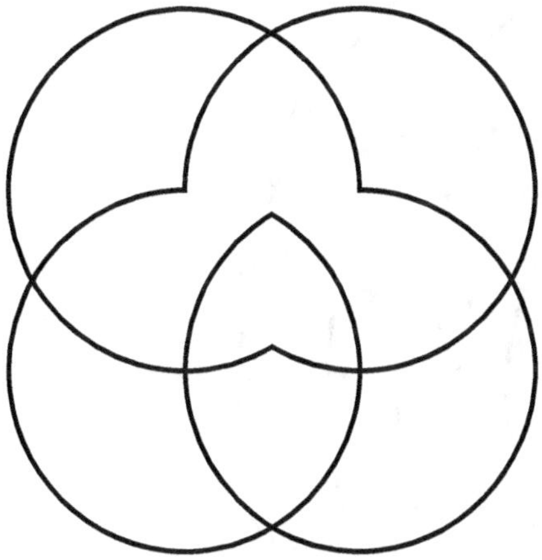
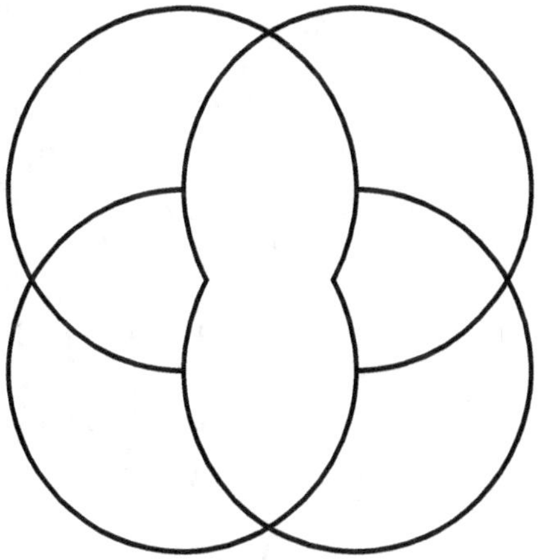

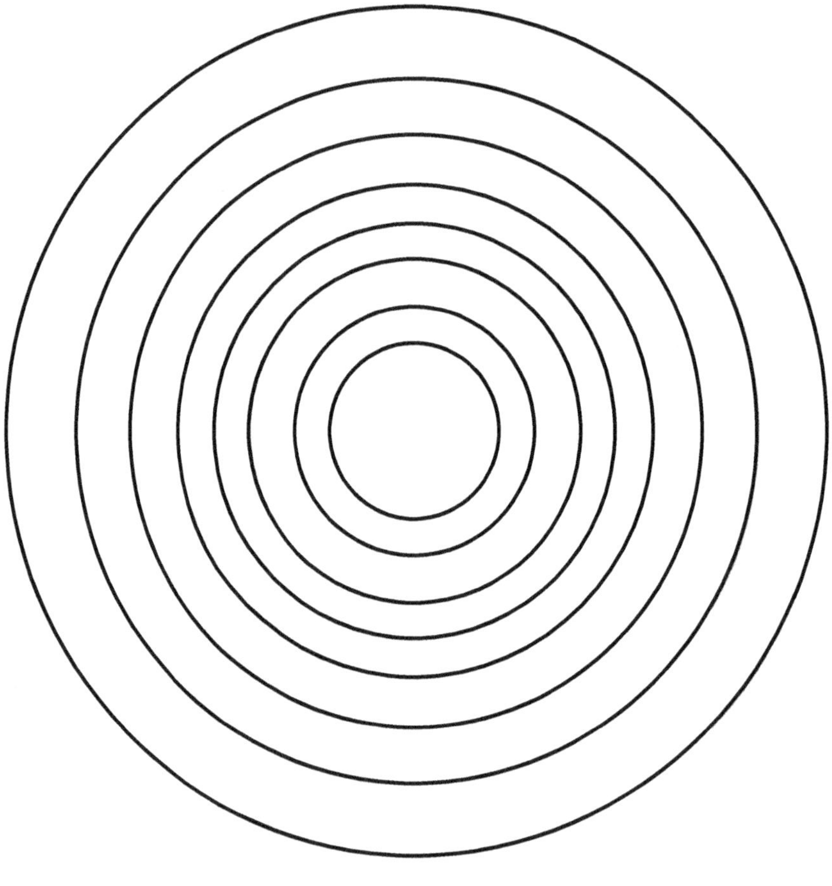

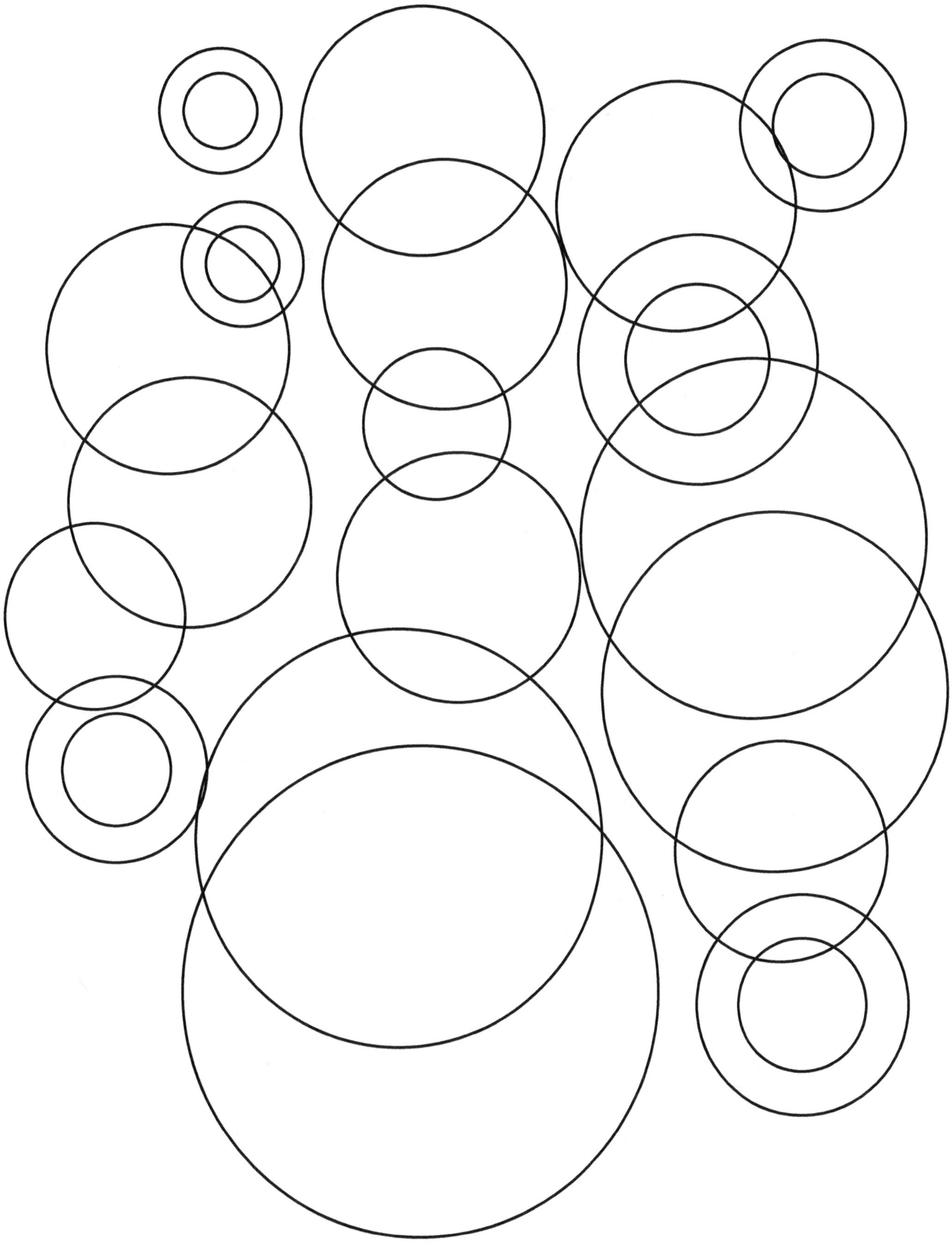

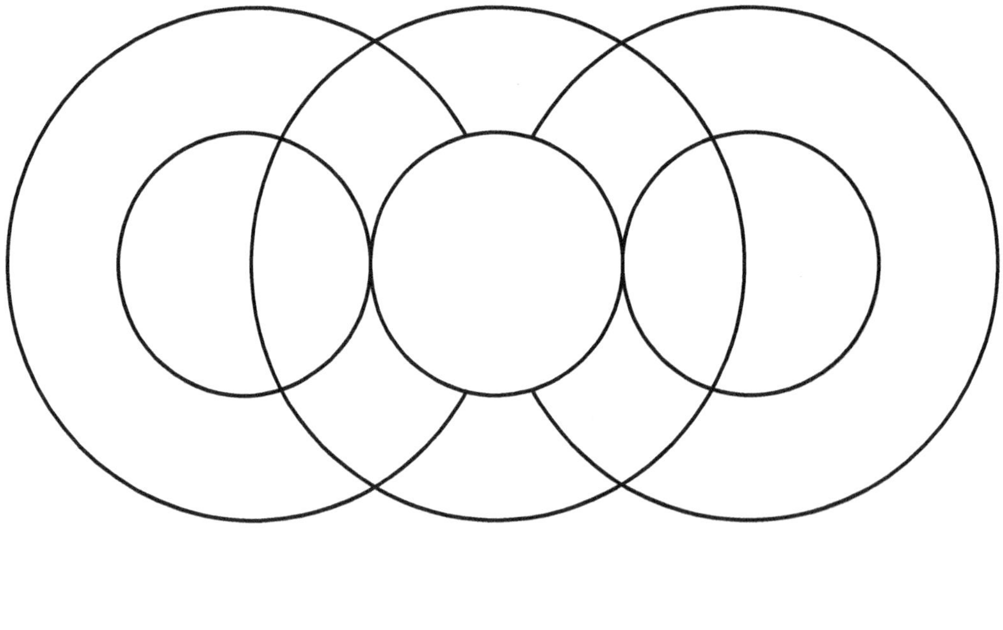

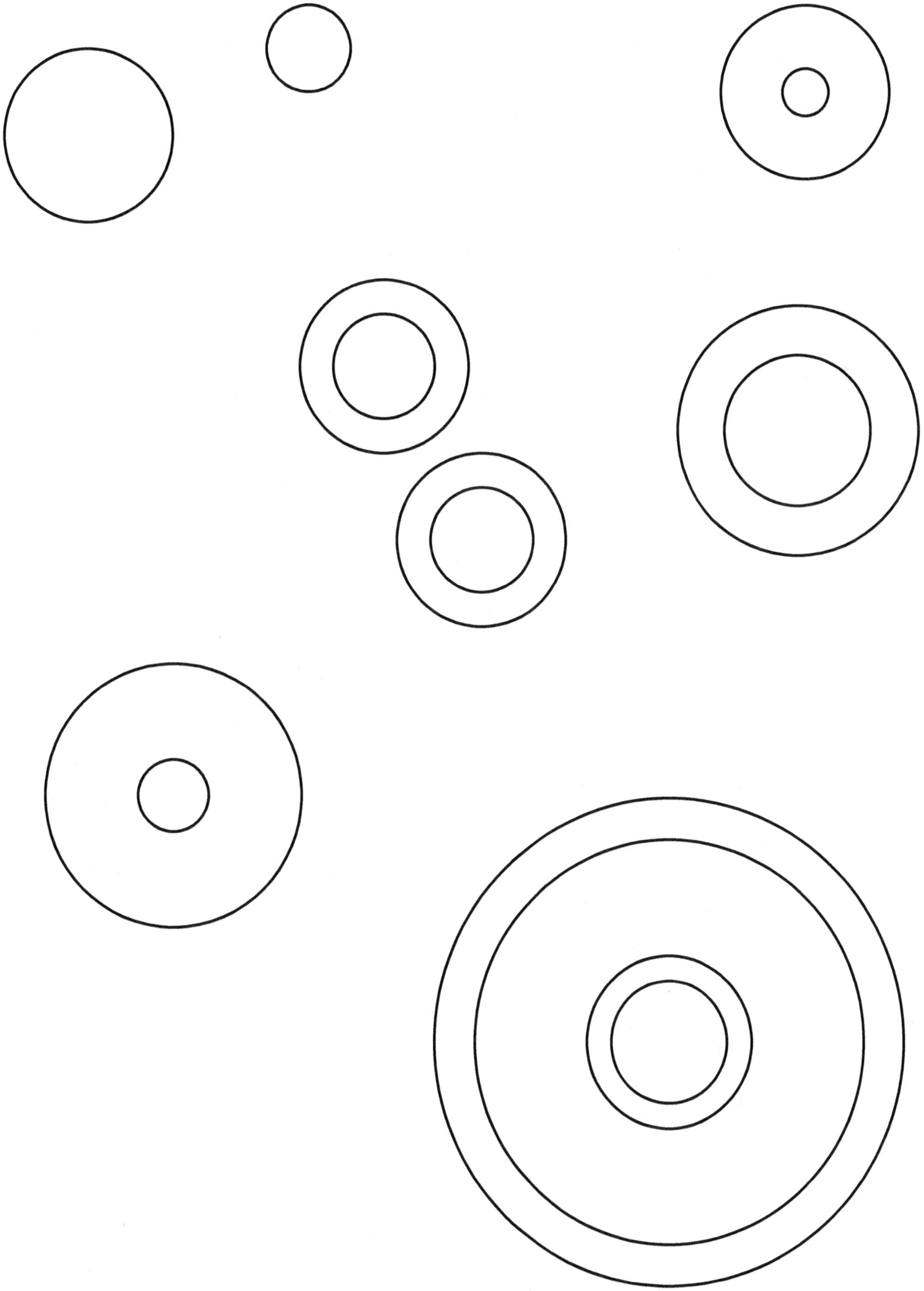

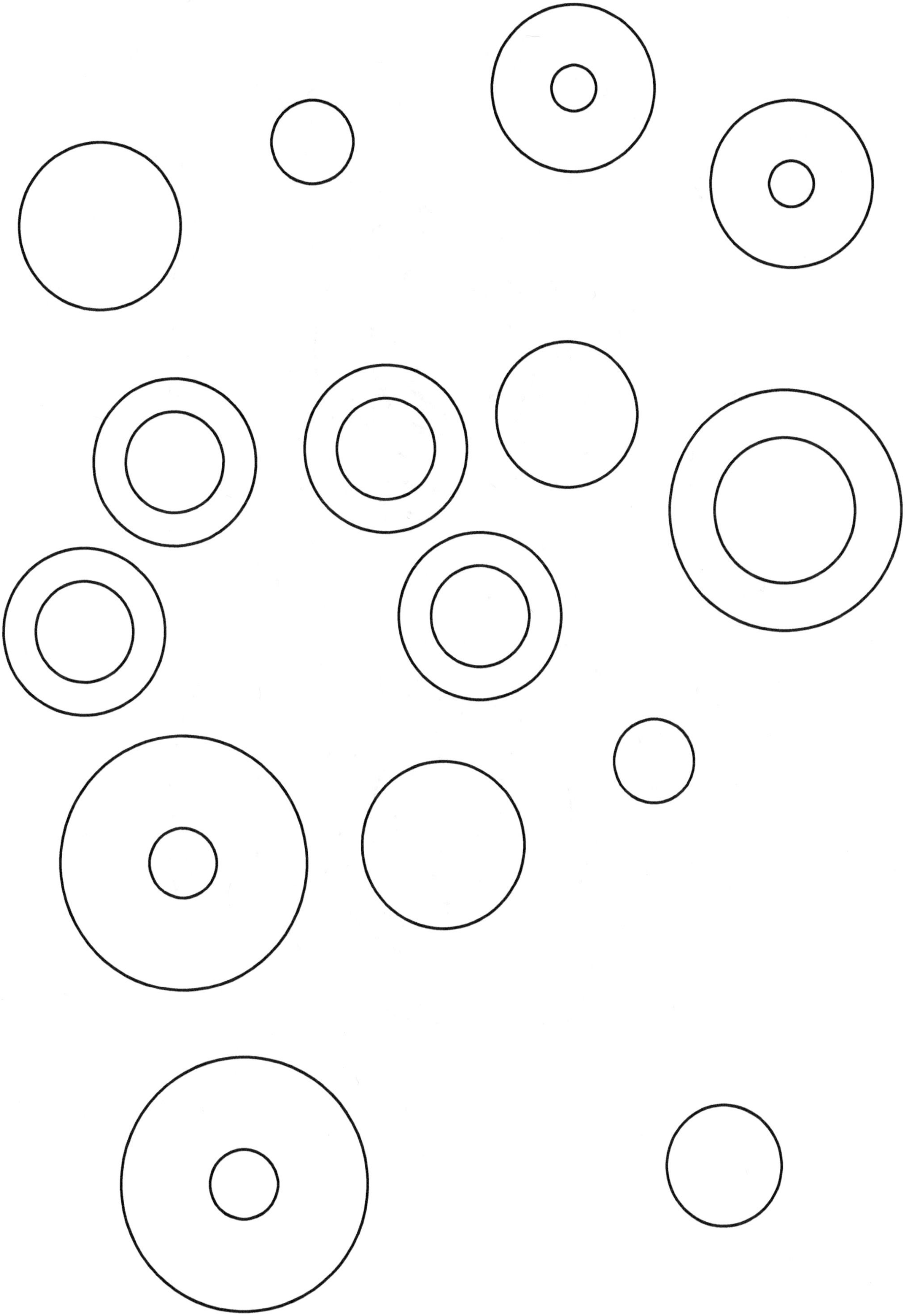

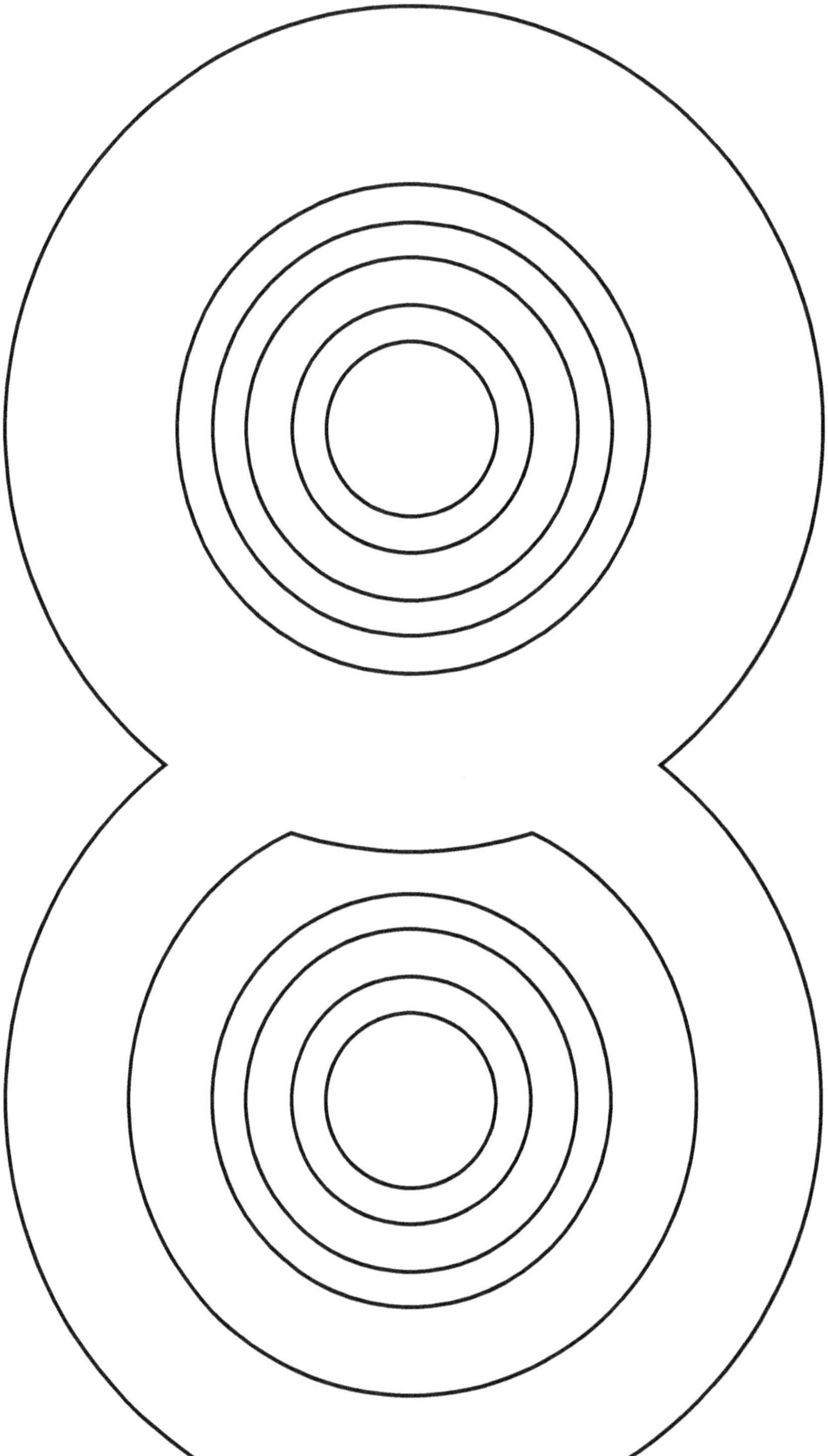

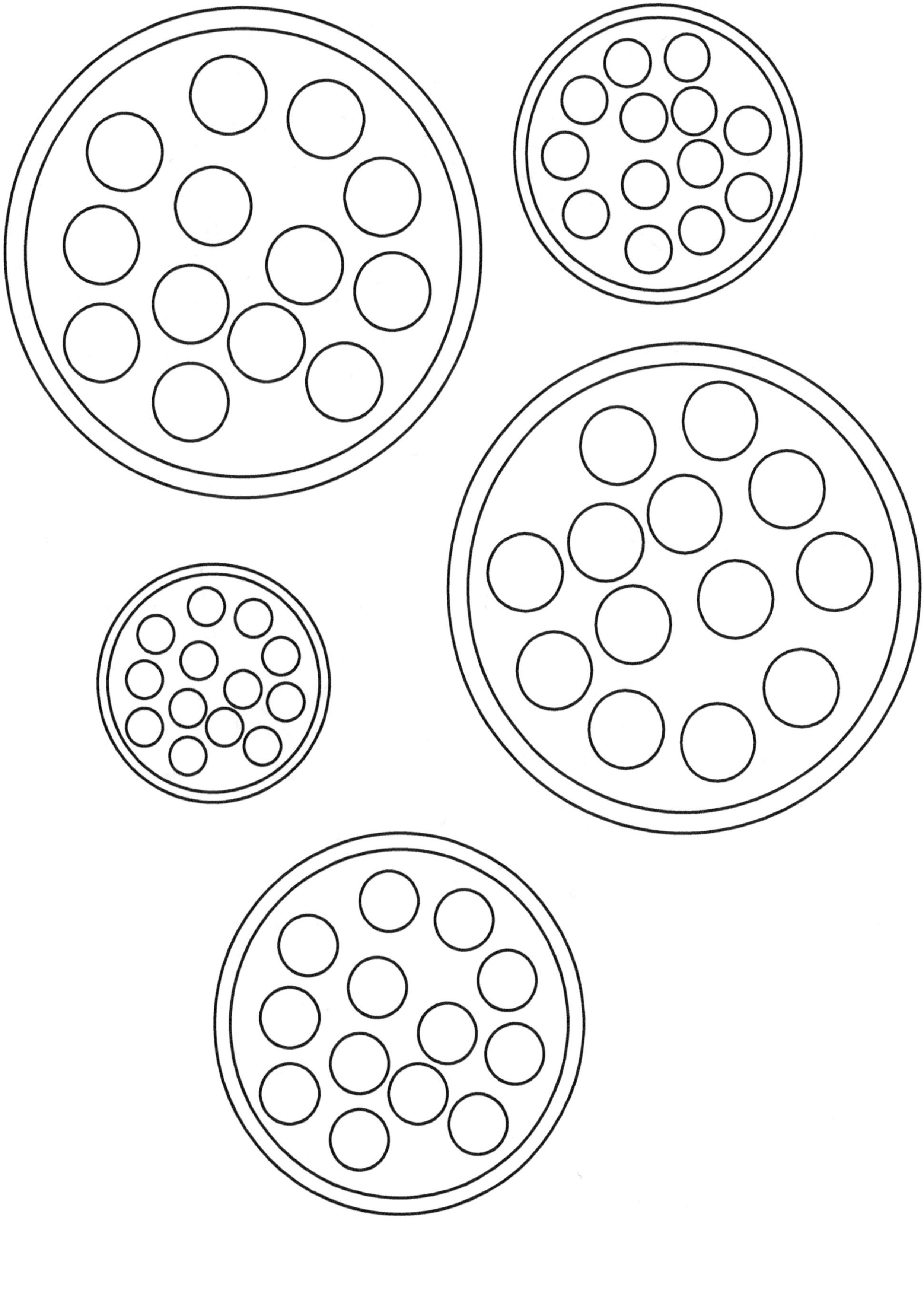

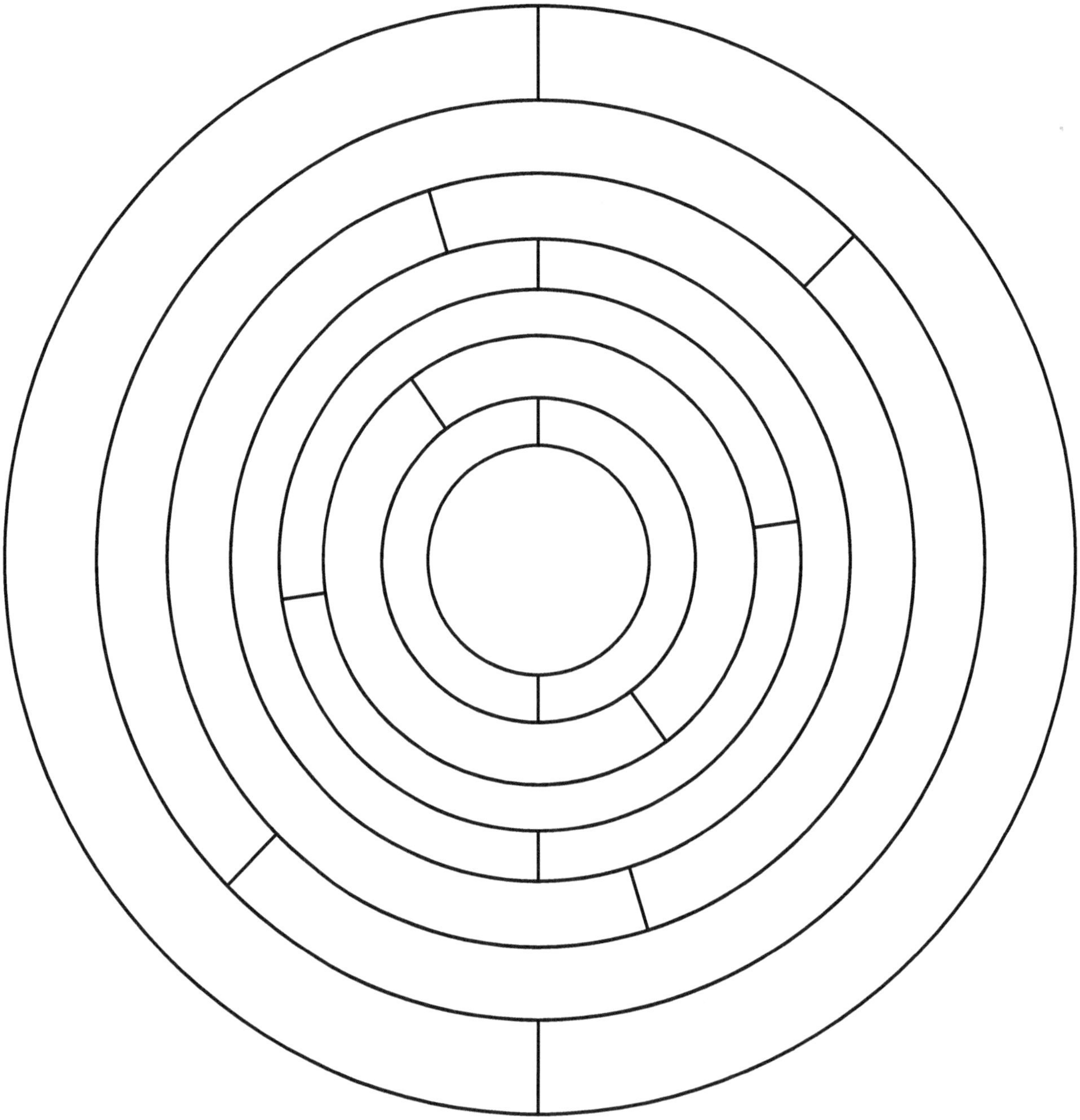

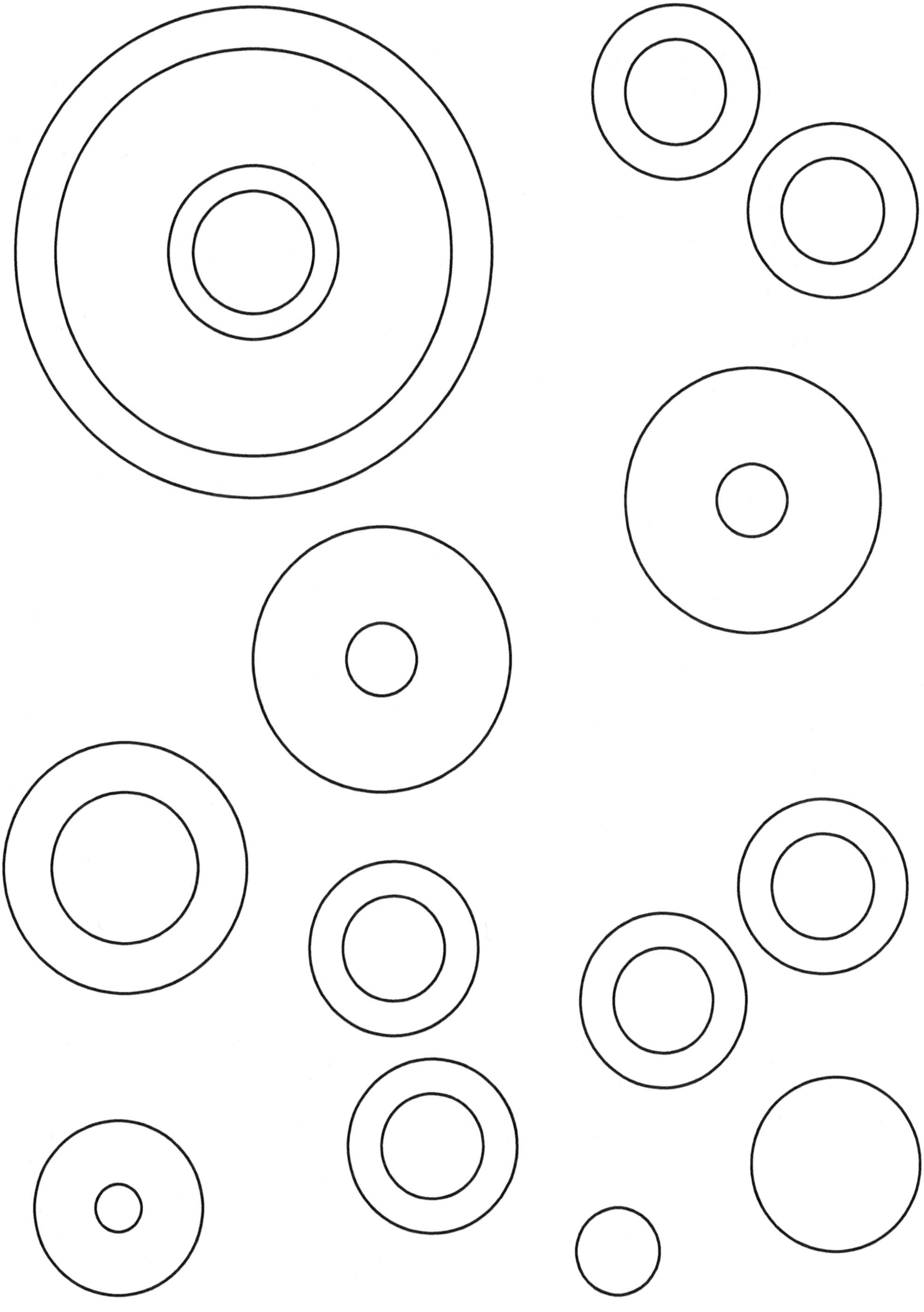

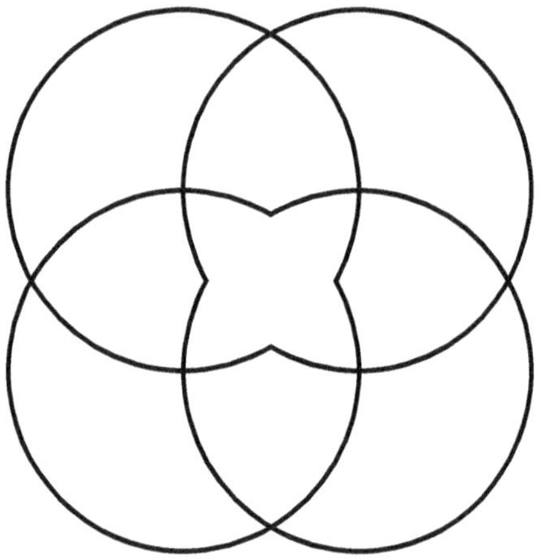
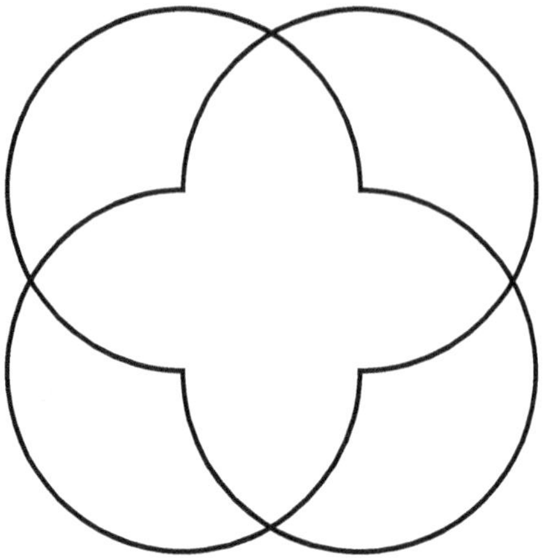
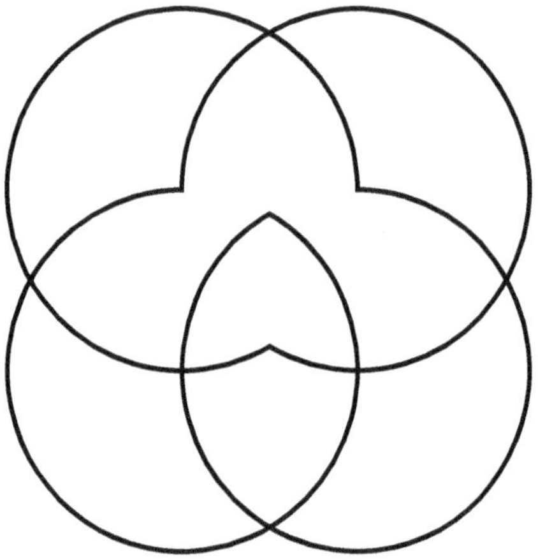
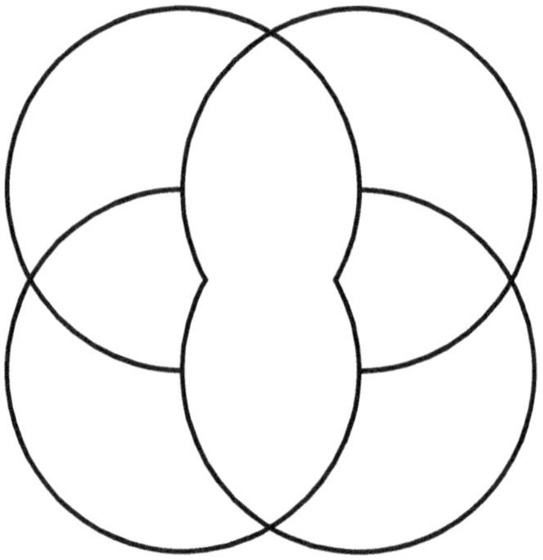

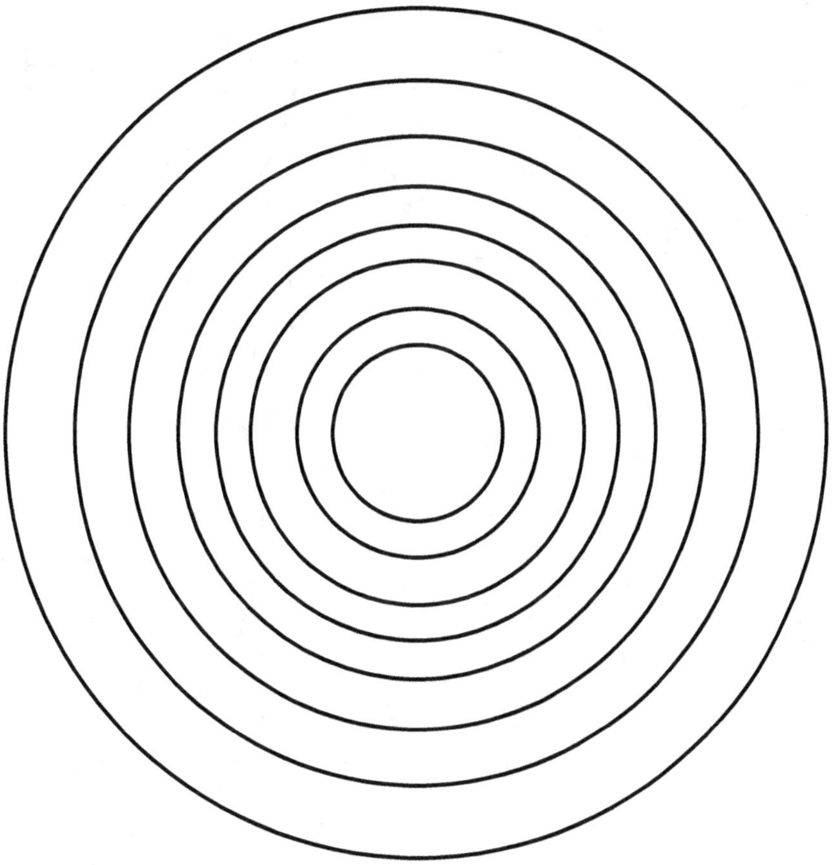

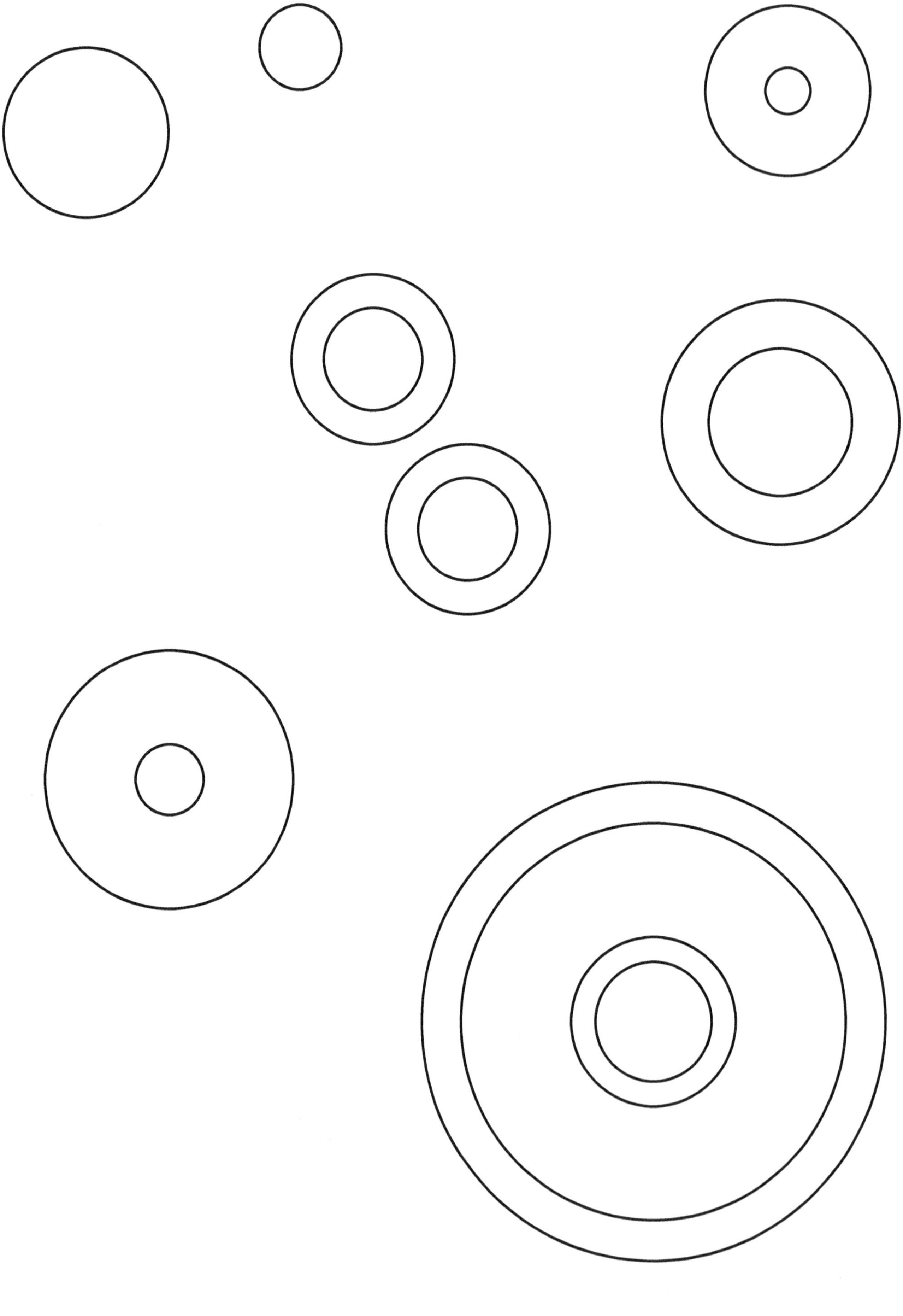

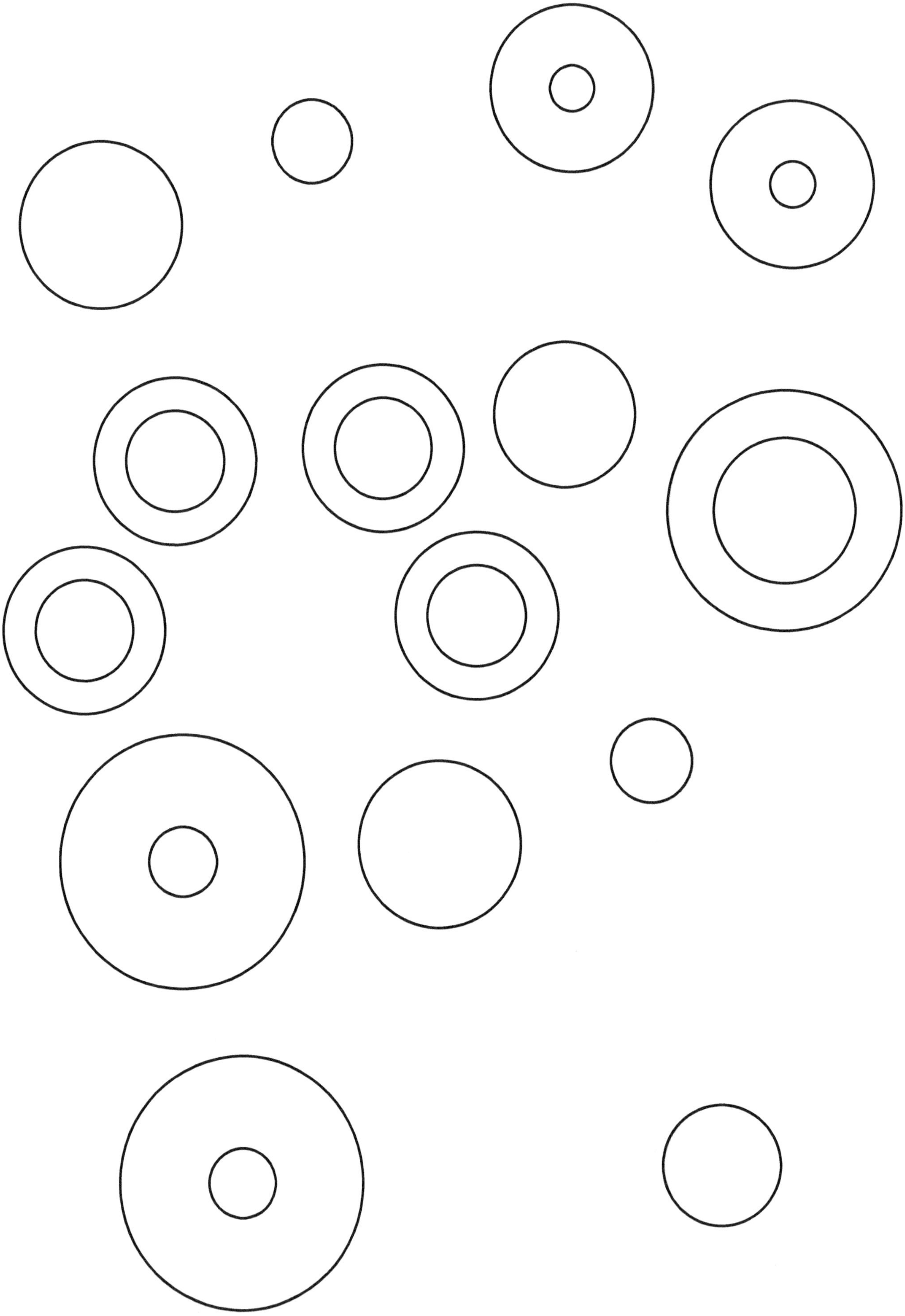

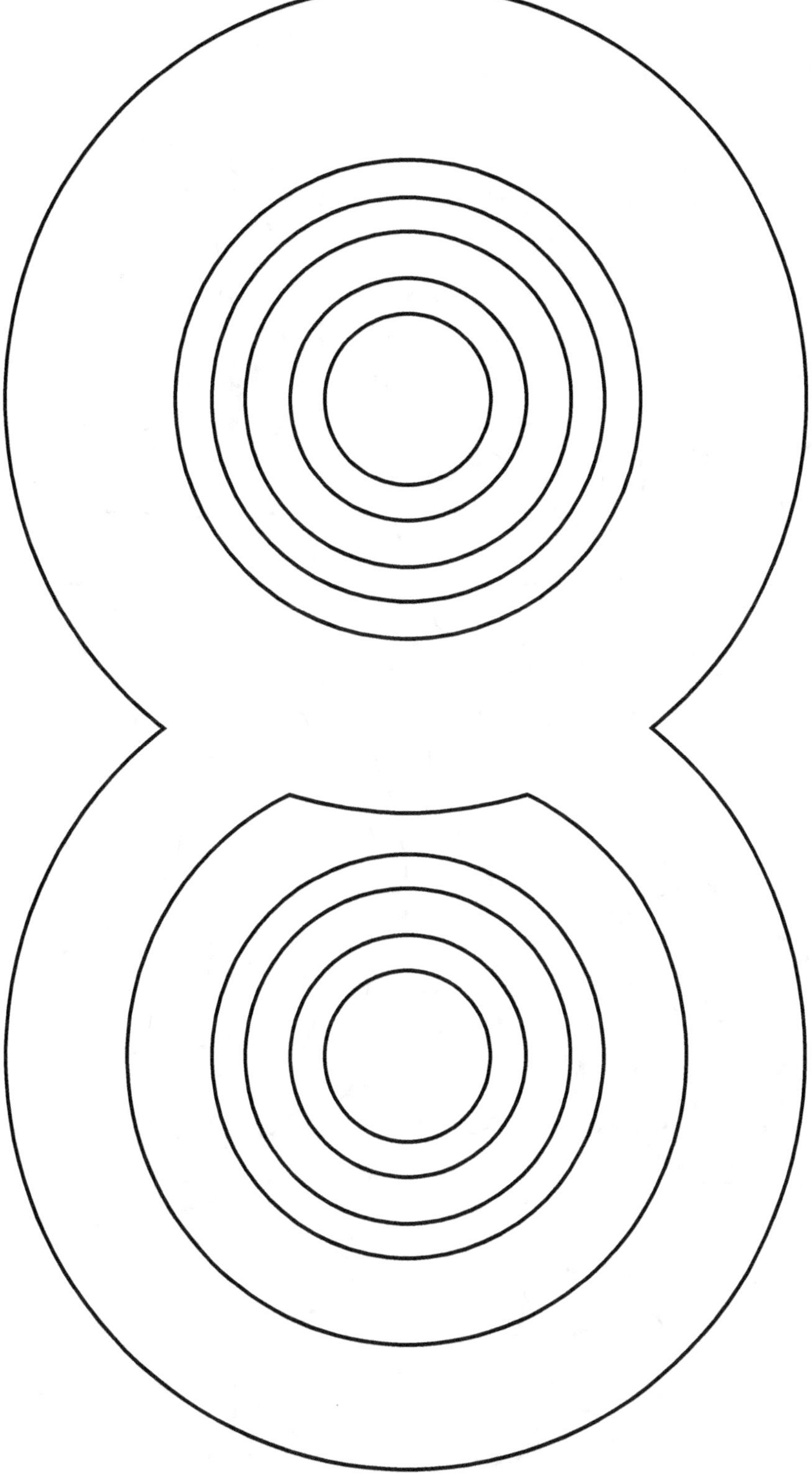

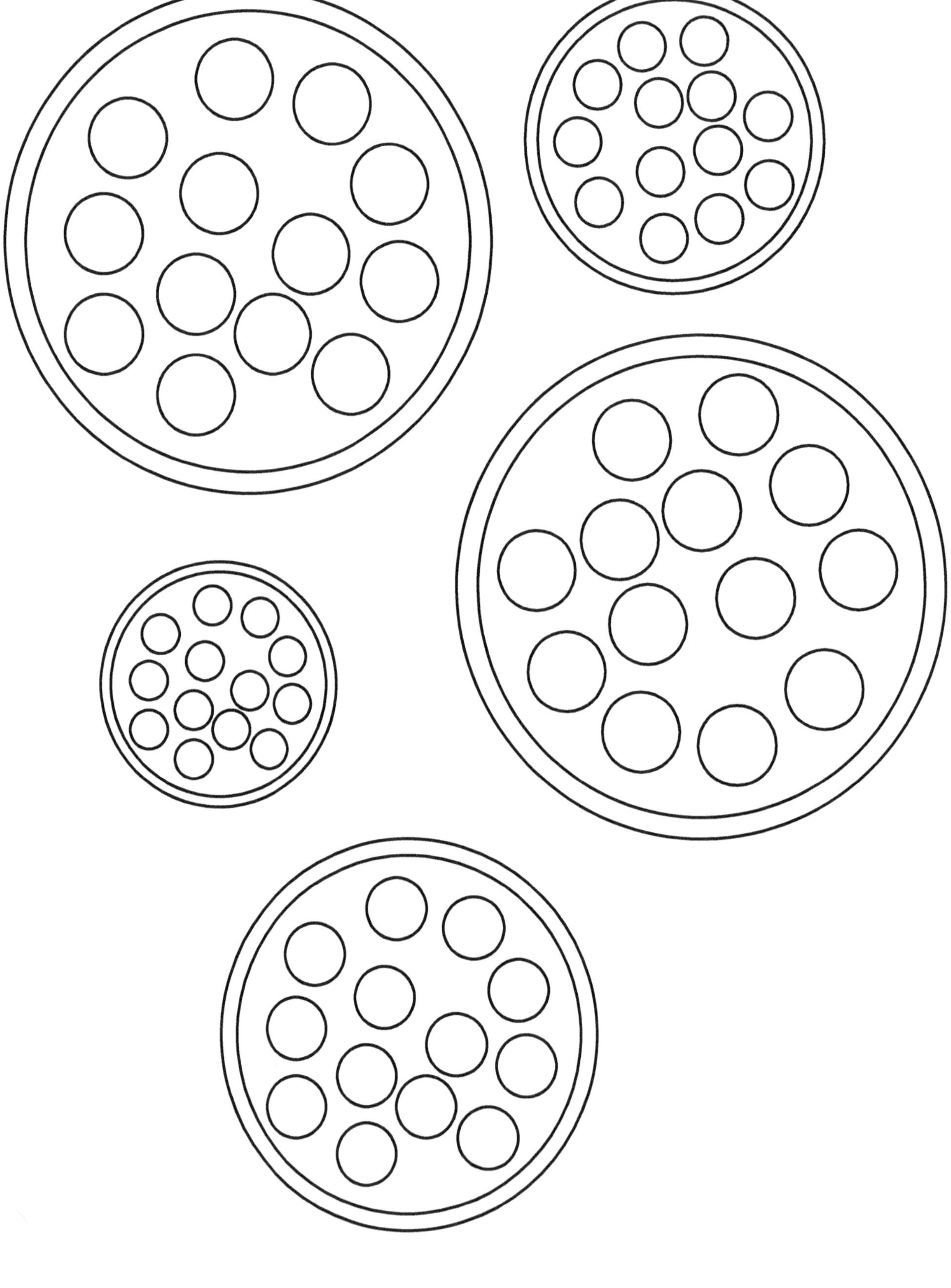

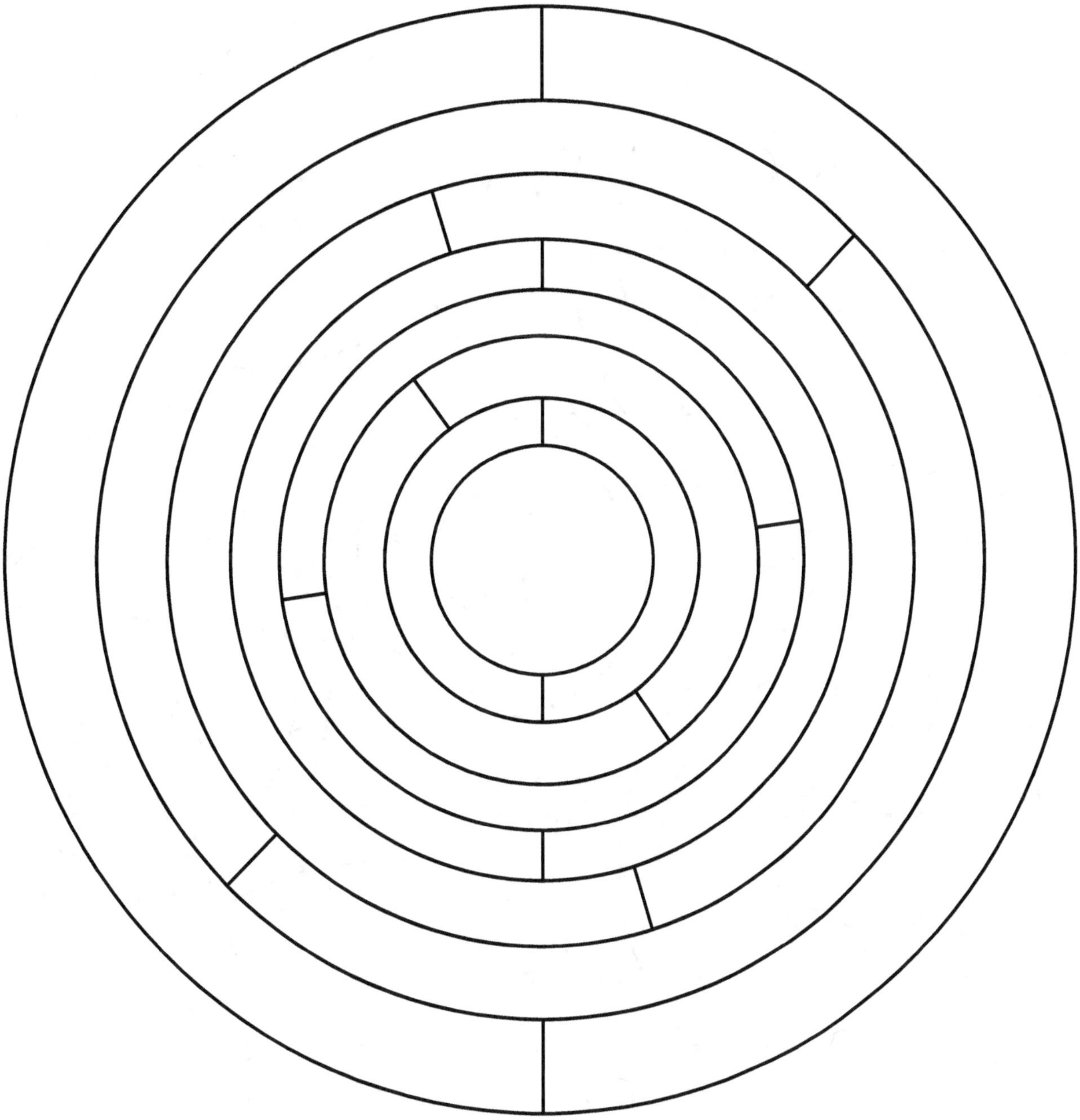

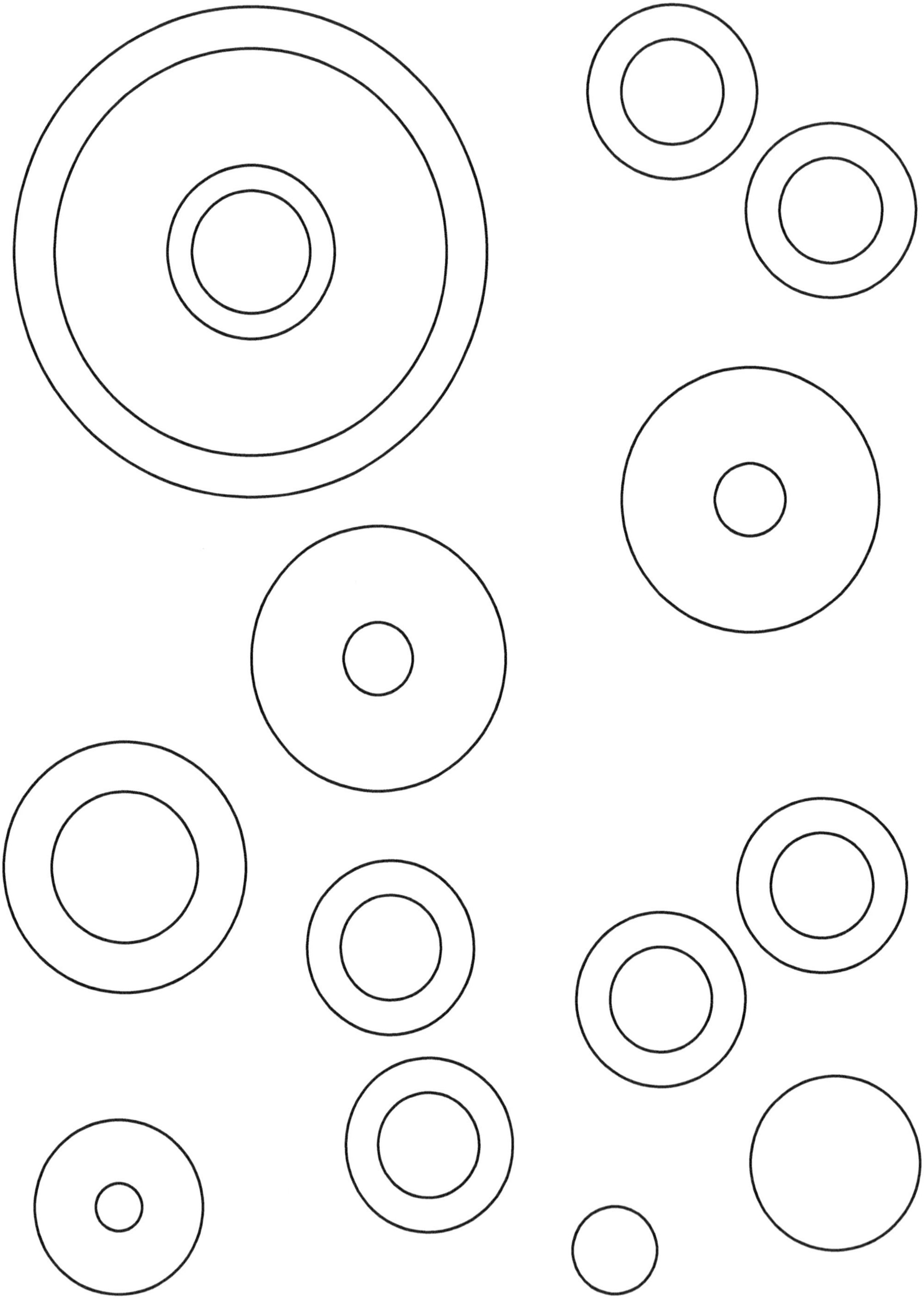

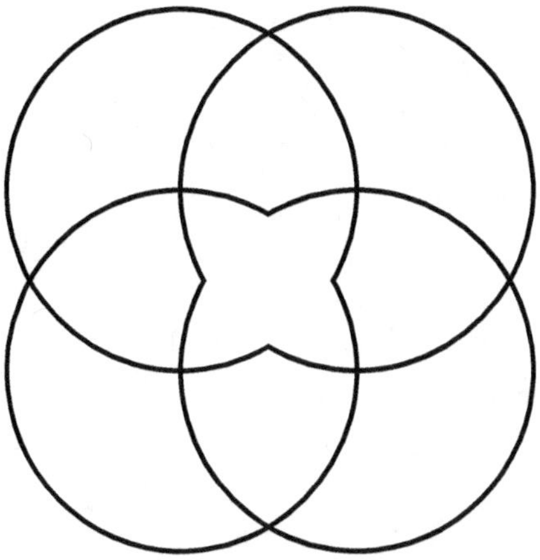
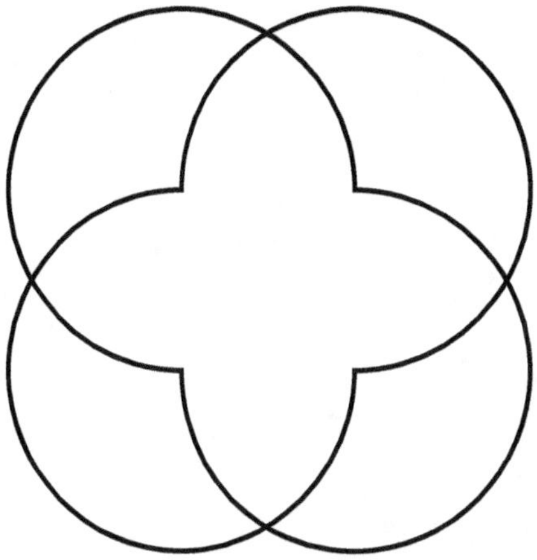
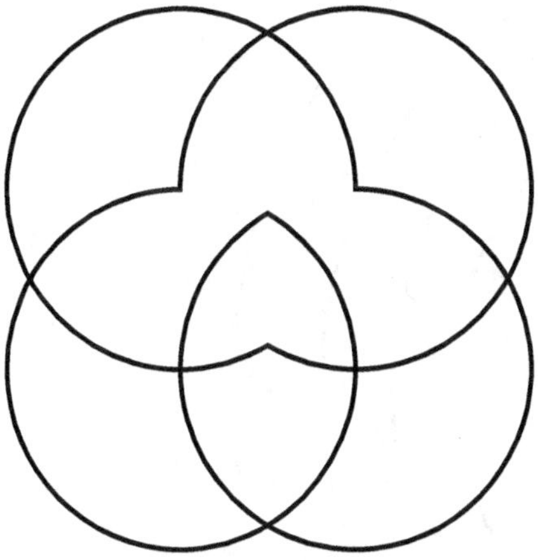
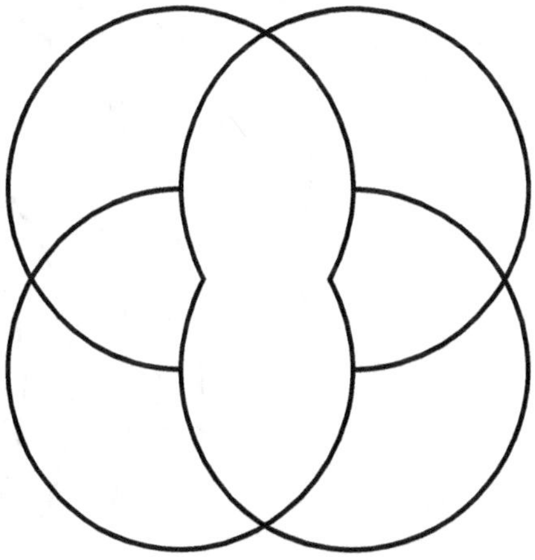

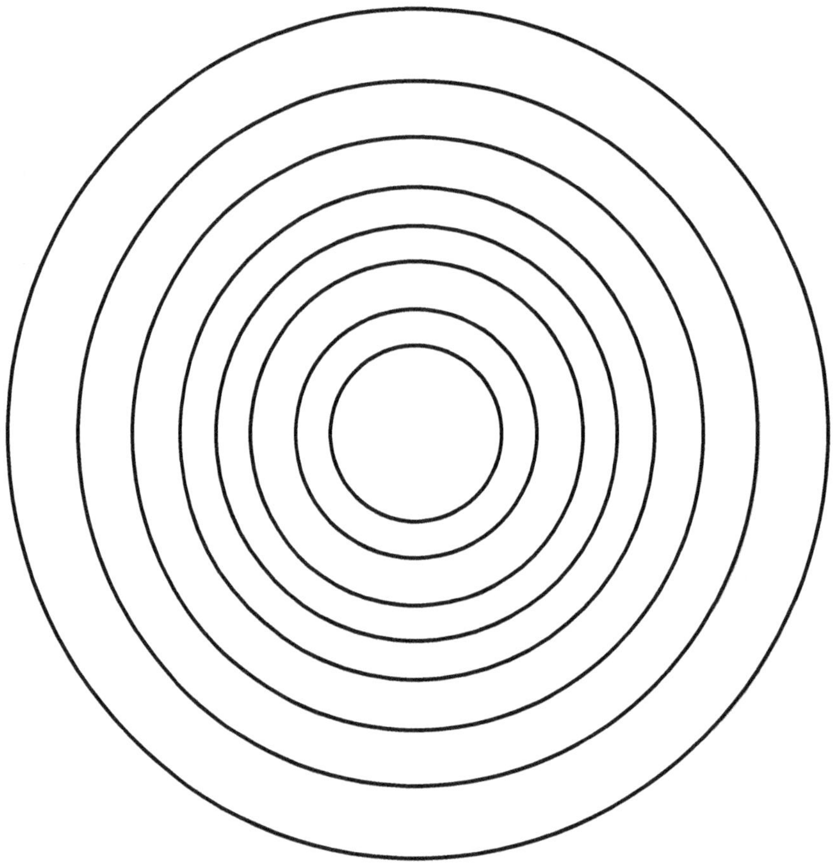

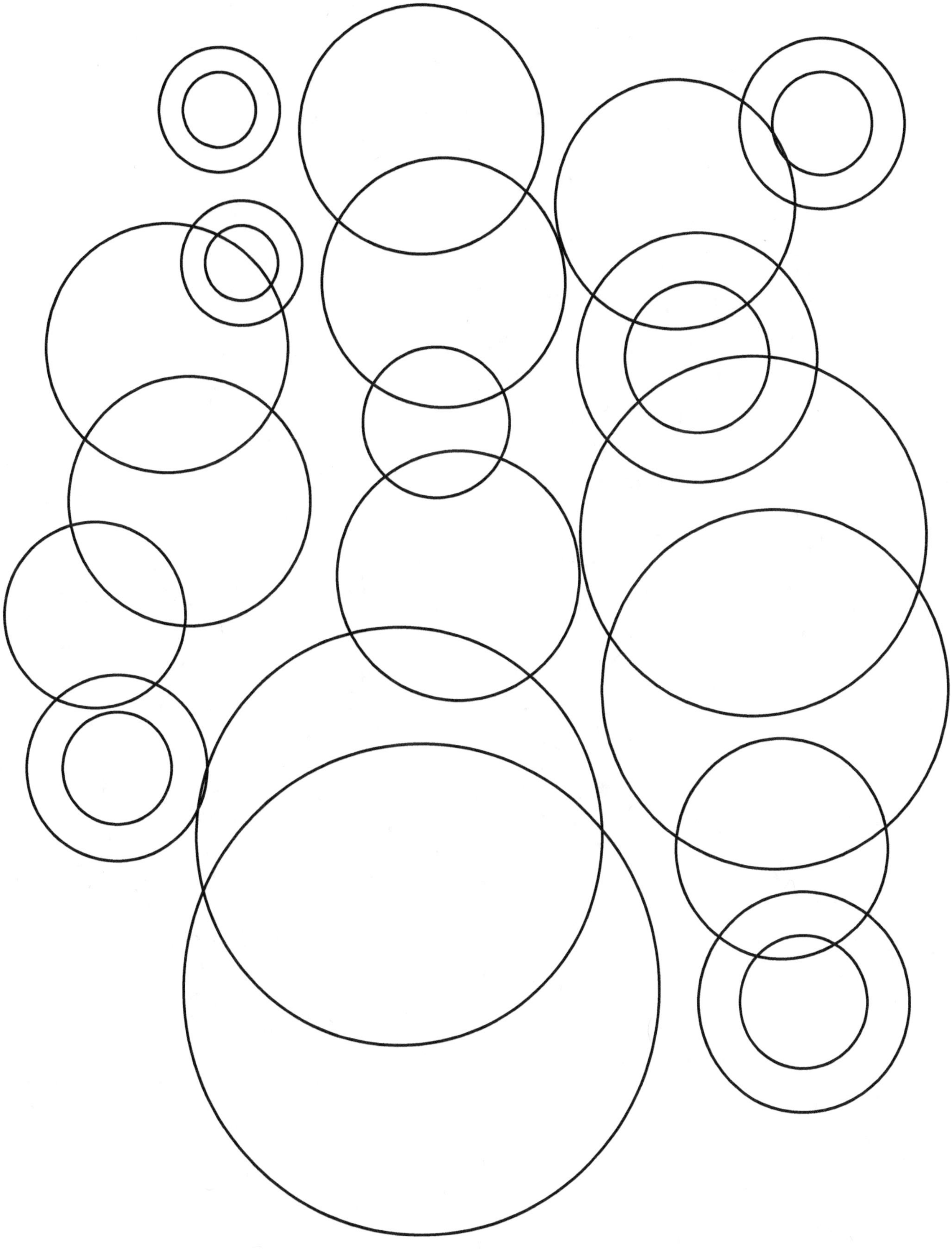

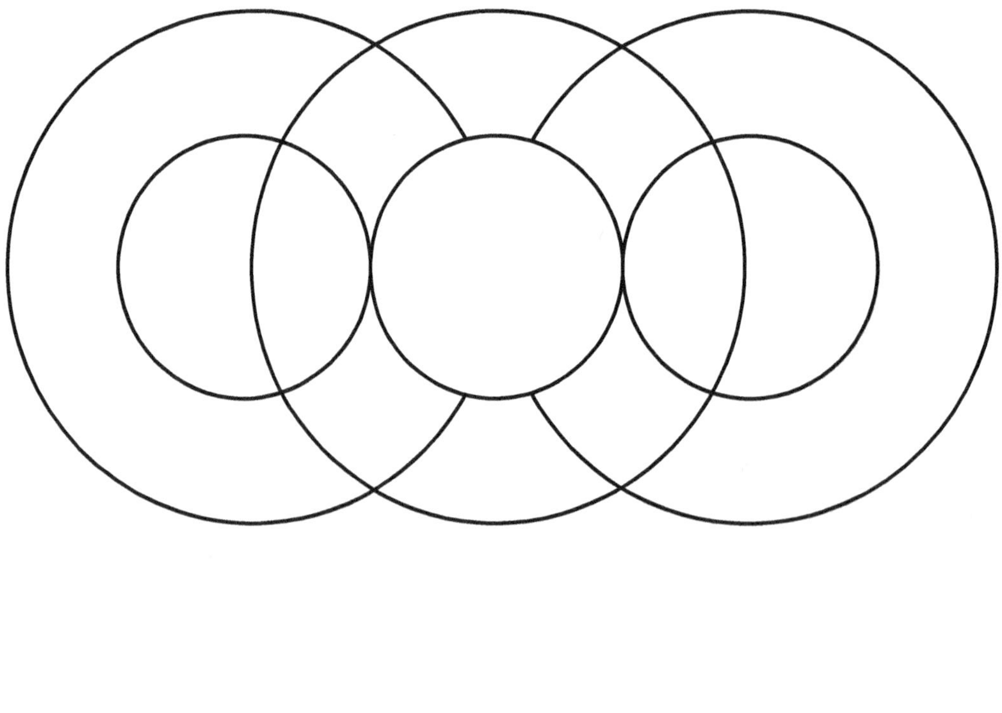

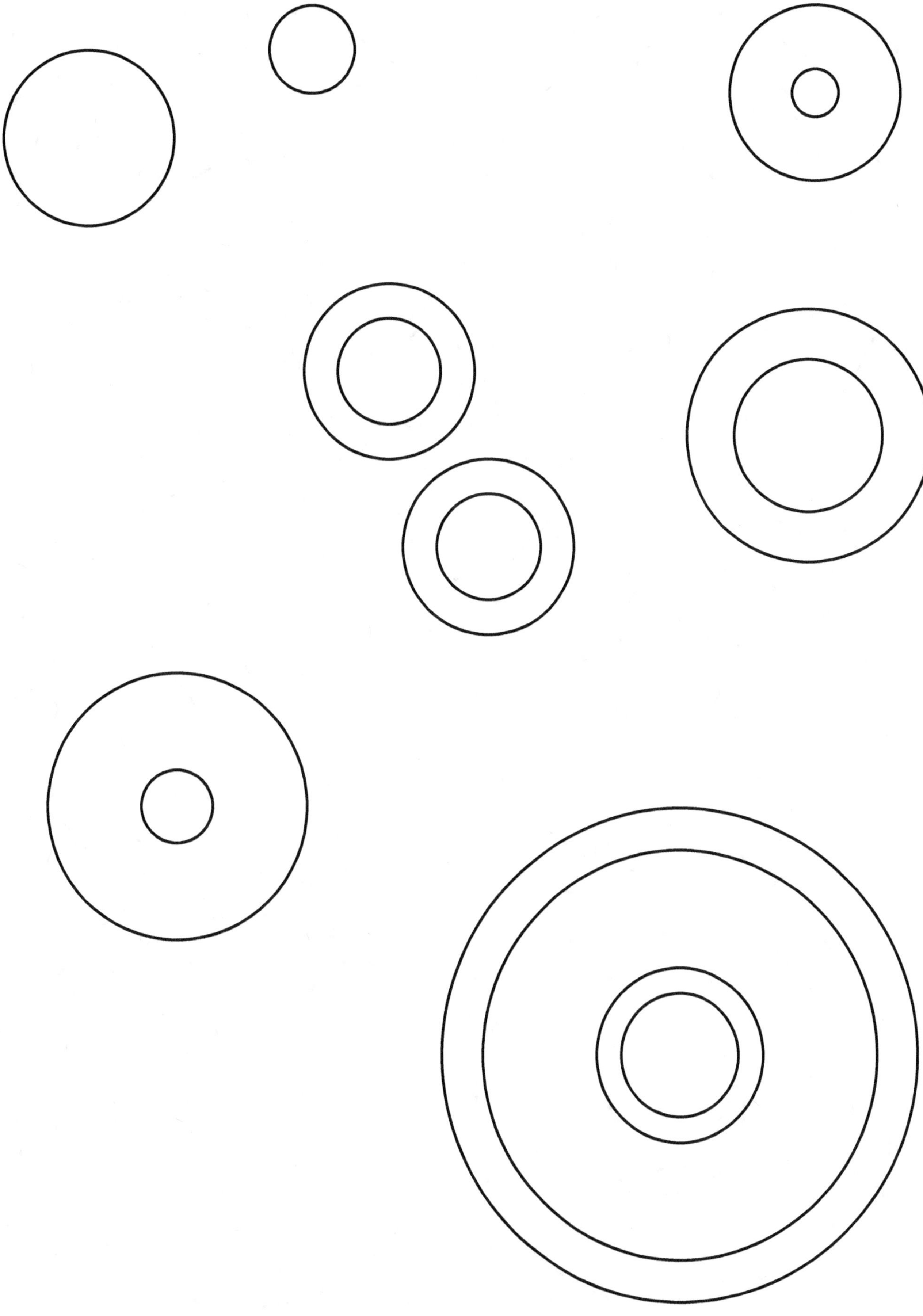

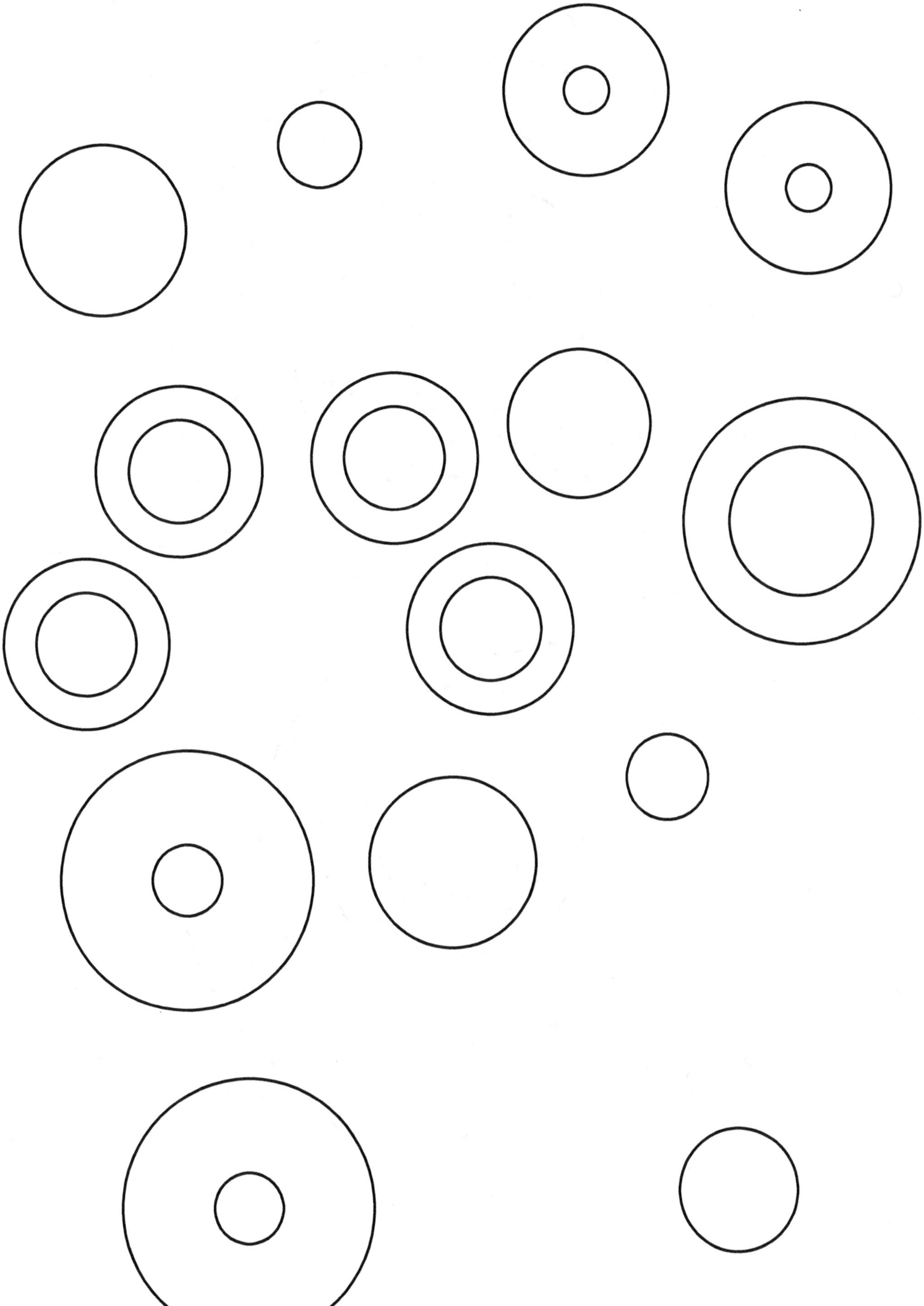

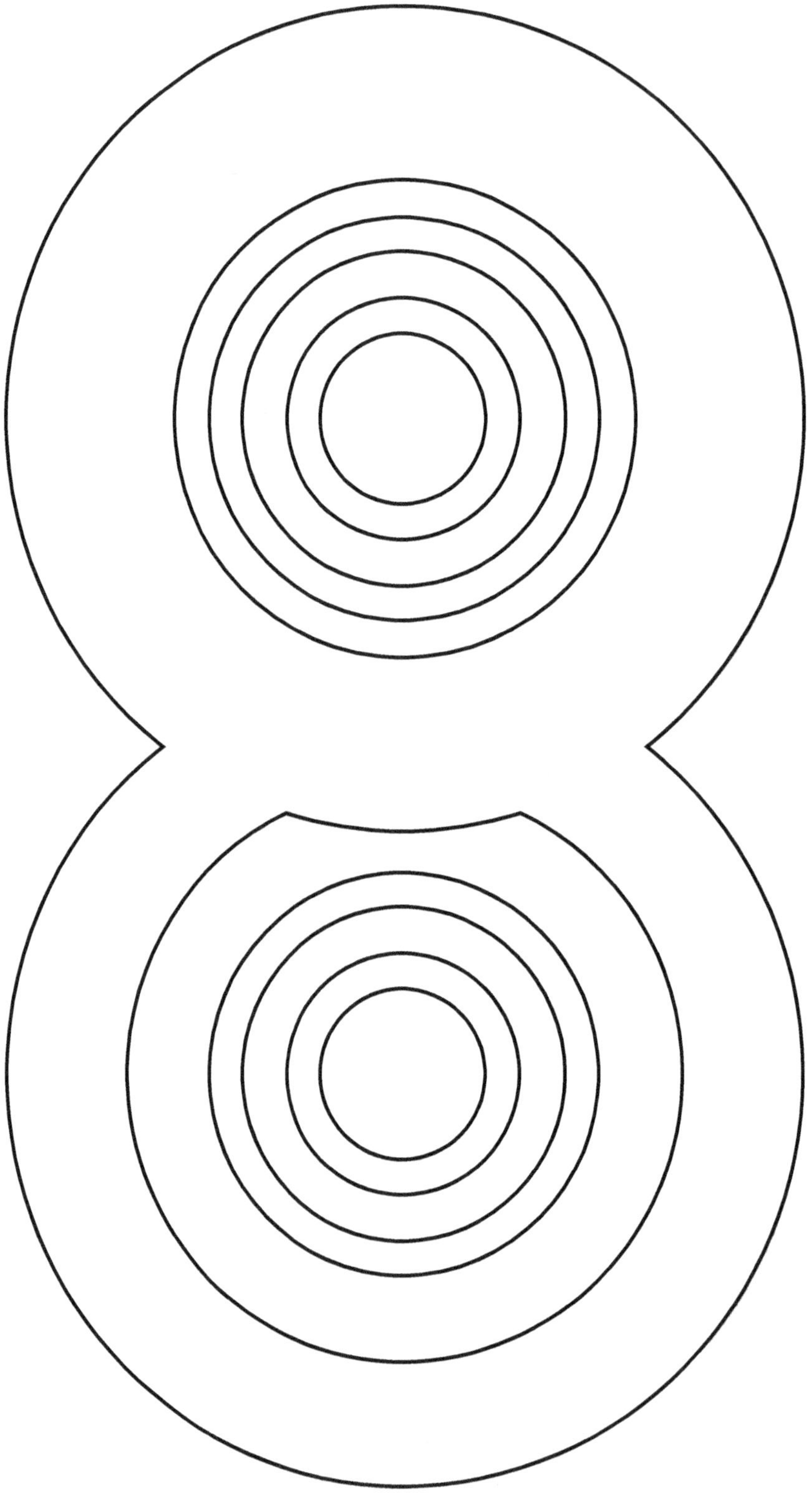

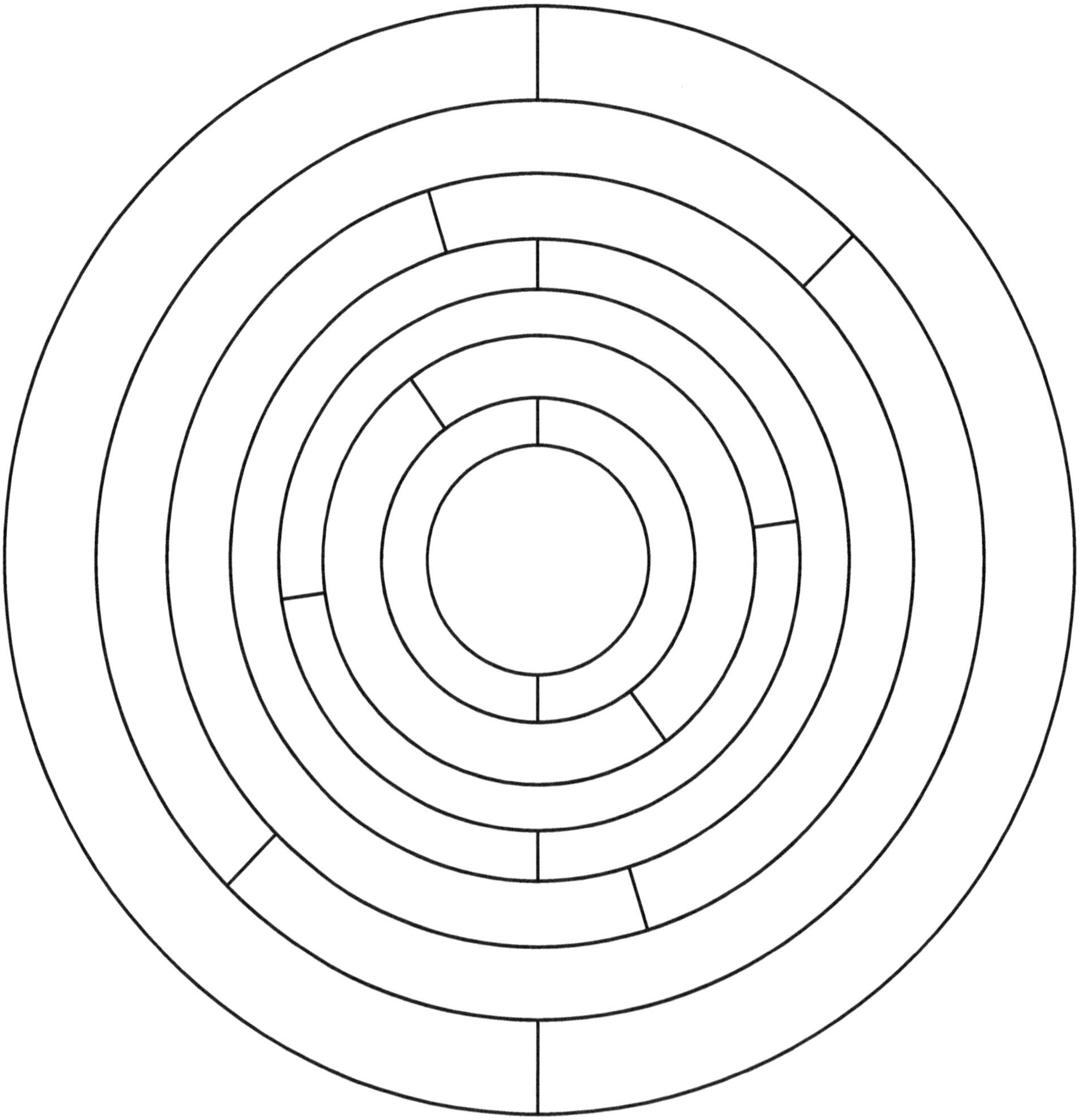

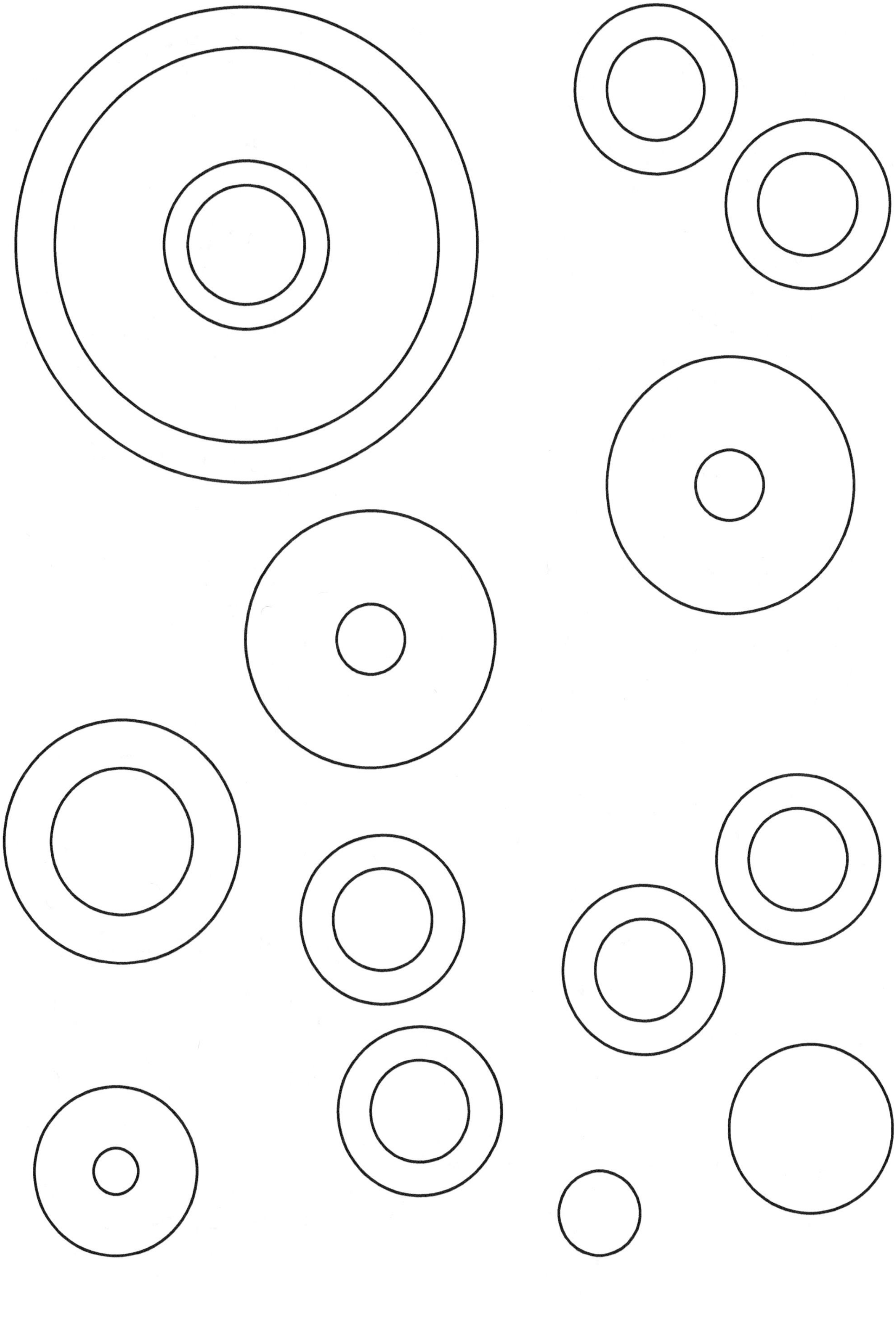

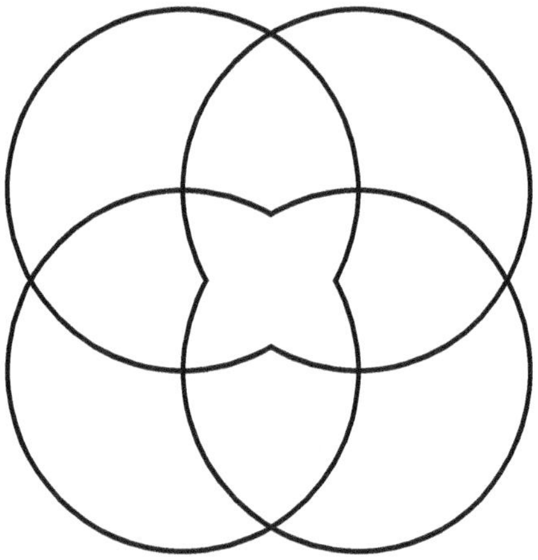
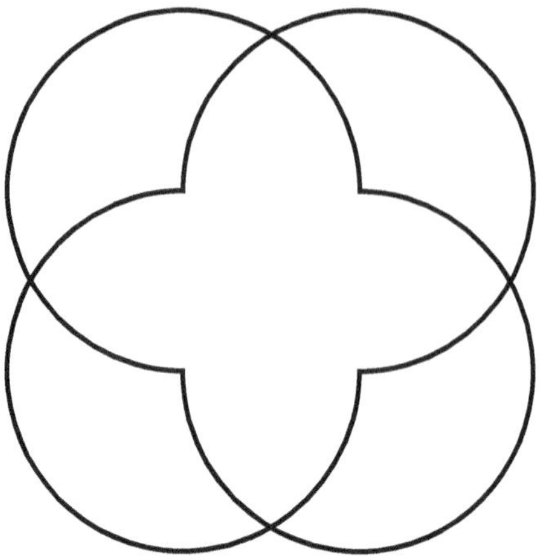
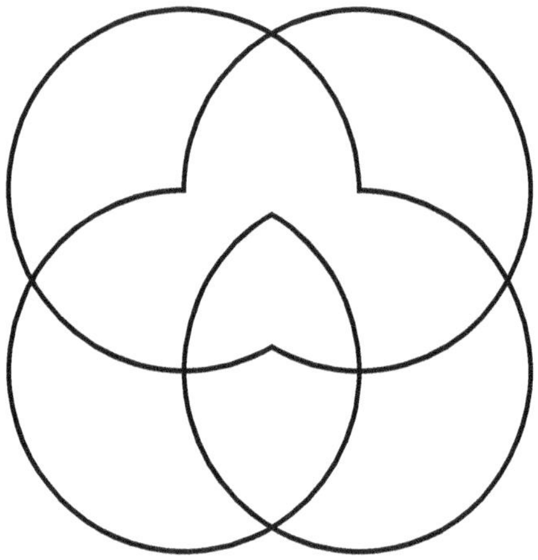
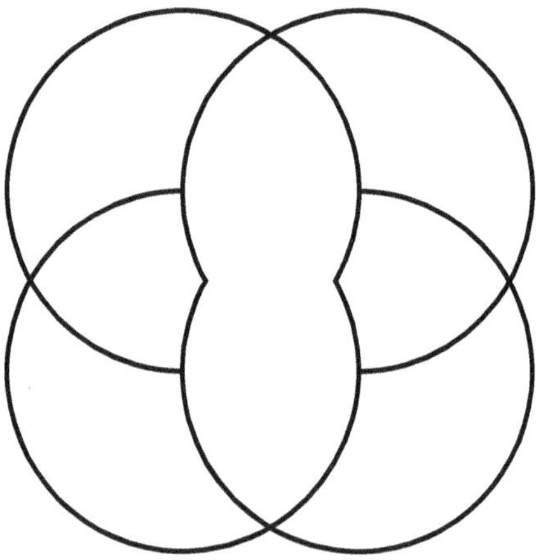
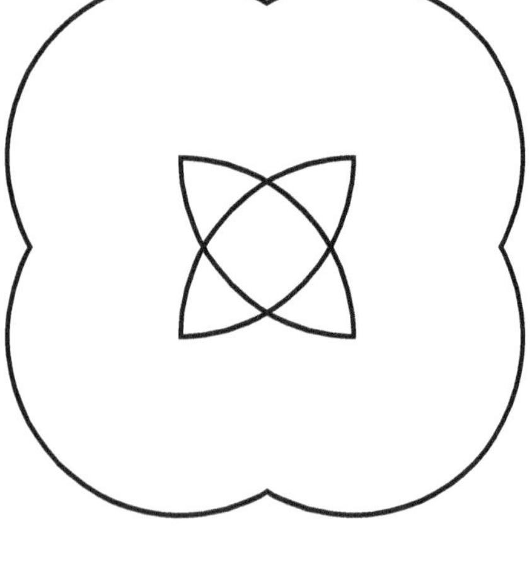

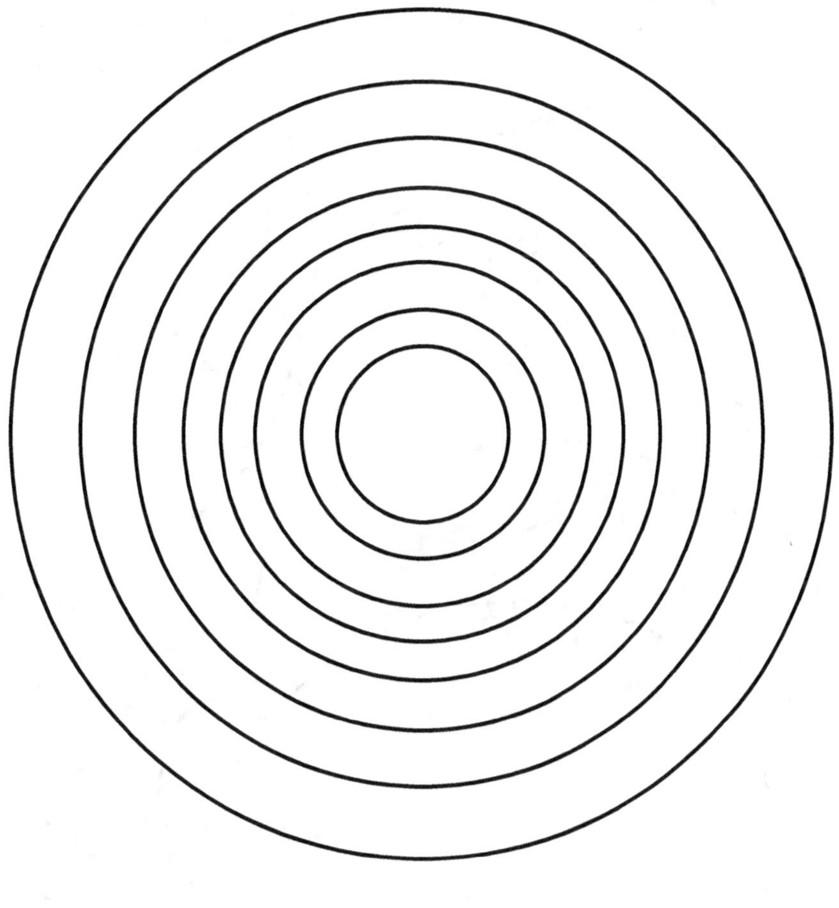

www.ingramcontent.com/pod-product-compliance
Lightning Source LLC
Chambersburg PA
CBHW052038280526
45791CB00010B/3003

* 9 7 8 1 0 7 2 0 8 7 6 8 7 *